RESPIRAR
SALMOS

Dolores Aleixandre RSCJ
y María Dolores López Guzmán

RESPIRAR SALMOS

Invitaciones para orar
en tiempo de
Cuaresma y Pascua

SAN PABLO

Dolores Aleixandre RSCJ (Madrid, 1938), religiosa del Sagrado Corazón, se licenció en Filología Bíblica y en Teología y, hasta su jubilación, trabajó como profesora de Sagrada Escritura en la Universidad de Comillas. Sus intereses se centran en el mundo de la teología bíblica, especialmente dentro del área de espiritualidad, e imparte ejercicios espirituales, retiros, cursos y conferencias sobre estos temas. En SAN PABLO ha publicado *Noemí* (2020).

María Dolores López Guzmán (Pamplona, 1965) es doctora en Teología y licenciada en Filología. Responsable de protección y cuidado de las religiosas del Sagrado Corazón de Jesús España, ha sido profesora de Teología en diferentes instituciones universitarias. Se dedica, también, al acompañamiento espiritual, los ejercicios espirituales y la escritura en diversas formas. En la editorial SAN PABLO ha publicado *Memorias del perdón. Figuras bíblicas y modernas que inspiran* (2025) y *Elogio espiritual del cuerpo* (2025).
www.luzycaligrafos.es

2.ª edición

© SAN PABLO 2026
 Protasio Gómez, 11-15. 28027 Madrid
 Tel. 917 425 113
 secretaria.edit@sanpablo.es - www.sanpablo.es
© Dolores Aleixandre Parra y María Dolores López Guzmán, 2026

Ilustraciones: Bernadette López
www.evangile-et-peinture.org
www.bernalopez.org

Distribución: SAN PABLO. División Comercial
Resina, 1. 28021 Madrid
Tel. 917 987 375
ventas@sanpablo.es
ISBN: 978-84-285-7506-5
Depósito legal: M. 3.369-2026
Impreso en LiberDigital
Printed in Spain. Impreso en España

Presentación

Cada judío nace con el libro de los salmos grabado en el corazón y sus palabras forman parte del tejido relacional que los vincula con su Dios. El judío Jesús pertenecía a ese pueblo de orantes que acudían a los salmos para expresar su alabanza, sus súplicas, sus temores, sus sufrimientos o sus alegrías. En su lengua se llamaban *tehillim,* «alabanzas», una palabra de alto contenido emocional, muy adecuado para designar los poemas destinados a alabar a YHWH.

Mucho más que un libro escrito en un pasado lejano, sigue siendo un ser vivo que habla y nos habla, que sufre, gime y muere para resucitar y cantar más allá del tiempo en la perennidad presente del hombre y que nos toma y conduce desde el comienzo hasta el fin. Sí, este libro encierra un misterio para que las sucesivas generaciones no cesen de volver a este cántico, purificarse en esta fuente, interrogarse ante cada uno de sus versos, ante cada Palabra de la antigua oración, como si en sus ritmos latiera el pulso del mundo[1].

---

[1] *La Bible d'André Chouraqui,* Éditions du Cerf, París 2019, 1117.

Jesús los aprendió de niño, los escuchó en su casa y en la sinagoga, rezó con ellos, los incorporó a su experiencia orante. Una breve frase al final del relato de la Última Cena, antes de salir hacia Getsemaní, es significativa: «Cantaron el himno y salieron hacia el monte de los Olivos» (Mt 26,30). Alude al salmo 136 con el que terminaba el ritual de la cena pascual y Jesús recitó (¿cantó?) aquella noche estas palabras: «Me cercaban y me acorralaban, me rodeaban como avispas, empujaban para derribarme...»; «me envolvían redes de muerte, me alcanzaban los lazos del abismo...».

Los escenarios que recreaban aquellas imágenes eran estremecedores y Jesús debió intuir oscuramente que también él iba a sentirse cercado, atacado por un enjambre peor que de avispas, atrapado entre redes, empujado y derribado por una muchedumbre hostil.

No es de extrañar que se identificara con la confesión del salmista: «Caí en tristeza y angustia», pero al pronunciar la continuación del salmo, se contagiara también de la certidumbre de otras palabras: «Alma mía, recobra tu calma, que el Señor fue bueno contigo, arrancó mi vida de la muerte, mis ojos de las lágrimas, mis pies de la caída..., el Señor fue mi auxilio».

Este libro se sitúa a la sombra de esa experiencia: se ubica en el marco del itinerario pascual que inicia la Cuaresma y culmina el Domingo de Resurrección, para abrir el libro de los Salmos, leerlos y escucharlos como lo haría Jesús en los días previos a su Pasión y *respirarlos* pidiendo al Espíritu hacerlo con «los mismos sentimientos de Cristo Jesús», como invitaba Pablo a los filipenses (Flp 2,5).

Es una osadía, pero podemos aventurarnos en ella con la misma confianza con que cada día nos atrevemos a decir: «Padre nuestro que estás en el cielo».

1.
En la mitad de mis días

Acortó el número de mis días y dije:
«¡No me lleves, Dios mío,
cuando estoy en la mitad de mis días!» (Sal 102,24.28).

Nunca se había detenido a imaginar si su vida iba a ser larga o corta pero, sin pensar mucho en ello, quizá había hecho suya la certeza del salmista: «Lo saciaré de larga vida y le haré ver mi salvación» (Sal 91,16). Sin embargo, en las vísperas de aquella Pascua, le habitaba el presentimiento de que esa *salvación* podía no coincidir con una *vida larga*.

Habían sido sus enemigos los que le habían hecho tomar conciencia de que su recorrido vital era aún muy corto: «¡Ni siquiera tienes 50 años y ya has visto a Abrahán!» (Jn 8,56). Aquellas palabras despectivas que le acusaban de una pretendida inmadurez, proyectaban ahora su sombra sobre él y le hacían recordar las de Ezequías cuando creía que iba a morir «en la mitad de sus días». Había escuchado ese cántico un *sabbat* en la sinagoga de Nazaret, pero ahora resonaba dentro de él de otra manera, invitándole a contemplar su vida como una tienda de pastores a punto de ser desmontada, o como el hilo de una trama que iba a ser cortado (cf Is 38,2.10).

En muchas ocasiones le habían apremiado con preguntas sobre la hora o los tiempos: «¿Cuándo va a llegar el reino de Dios?» (Lc 17,20; Mc 13,15), «dinos cuándo sucederá eso y cuál es la señal de tu llegada y del fin del mundo» (Mt 24,3); pero él les invitaba, sin conseguirlo casi nunca, a adentrarse sin miedo por la puerta estrecha del no dominar el *cuándo* ni el *cómo:* «En cuanto al día y la hora, nadie sabe nada, ni los ángeles del cielo ni el Hijo, sino solo el Padre» (Mc 13,33). *No os toca a vosotros conocer los tiempos o momentos que el Padre ha fijado con su poder...* En ese camino de no saber él avanzaba el primero, dejando atrás cualquier pretensión de dominar el futuro, con la mirada incesantemente clavada en el Padre que le señalaba el camino y cuyo rostro buscaba durante las noches y las madrugadas de oración.

Siempre había descansado en las manos y los tiempos de Otro, pero ahora ese camino se volvía más incierto y necesitaba hundir en su Palabra las raíces de su confianza:

Tú aseguras mis pasos,
te ocupas de mis caminos;
aunque tropiece, no caeré:
Tú me tienes de la mano (Sal 37,5.23).

Yo confío en ti, Señor, te digo:
«Mi suerte está en tus manos» (Sal 31,14-16).

Y ese día fue consciente de que lo estaba haciendo según la costumbre de su madre de rezar los salmos, como decía ella, «dejando que te atraviesen el corazón».

Invitaciones

- Tomo en mis manos el libro de los Salmos, en mi Biblia o en otra edición más manejable en la que puedo subrayar y anotar. Tomo conciencia de que estoy en contacto con las mismas súplicas, alabanzas o himnos que nutrían la oración de Jesús. Agradezco poder entrar en sintonía con él, coincidir con su costumbre cuando oraba. Me pongo a la escucha de las Palabras que en estos días van a estar ante mi puerta, a la espera de que les abra mi oído y mi corazón.

- Me dispongo a hacer sitio en mi interior a las expresiones orantes del libro que acompañó a Jesús a lo largo de toda su vida, también y seguramente con mayor intensidad al acercarse los días de su Pascua. Con lenguaje del Deuteronomio, pido al Espíritu: Graba en mi corazón estas Palabras, que las recuerde cuando me levante y cuando me acueste, cuando esté en casa o caminando, cuando trabaje y cuando descanse, cuando esté animoso o decaído, seguro o perplejo, firme o frágil. Átalas a mi muñeca como un signo, escríbelas como un tatuaje en la palma de mi mano, como una señal en mi frente, como un murmullo en mi interior.

- «Mis días son una sombra que se alarga» (Sal 102,12). Aunque vivamos setenta años y los más robustos hasta ochenta, su afán es fatiga inútil pues pasan deprisa y nosotros volamos. «Enséñanos a calcular nuestros días para que adquiramos un corazón sensato» (Sal 90,10.12). Entro en contacto con mis propios sentimientos ante la fugacidad de la vida y me pregunto cuáles serían los de Jesús, le agradezco que, al hacerse uno de nosotros, haya participado de los temores de nuestra condición frágil y caduca. Me adentro en la confianza que le empujaba a decir: «Yo confío en ti, Señor, te digo: "Mi suerte está en tus manos"».

2.
¿Todo lo que hace le sale bien?

Feliz el hombre que no sigue el consejo de los malvados.
Es como un árbol plantado junto al río:
Da fruto a su tiempo y sus hojas no se marchitan,
todo lo que hace le sale bien (Sal 1,1.3).

Lo veía venir. Fue consciente desde el principio de que el éxito según los parámetros del mundo no es una referencia que sirva de mucho cuando se trata de discernir cómo avanzar en el servicio a Dios y, por tanto, a los demás. Tal y como se iban desarrollando los hechos era mejor explicitarlo y no alimentar falsas expectativas. Fue honesto por su parte: «Comenzó a decir a sus discípulos que tenía que sufrir mucho por causa de los ancianos, los jefes de los sacerdotes y los maestros de la Ley; que lo matarían» (Mt 16,21).

Sabía lo que se le venía encima. Bastaba con aplicar el sentido común. Su conocimiento de las Escrituras y su radical confianza en el Padre le hacían decir y hacer cosas maravillosas que molestaban a quienes se suponía que debían poner en práctica todo aquello antes que él.

Seguro que al recitar el primer salmo en el camino a Jerusalén se detuvo más de una vez a respirar: «Quien pone su gozo en la Ley del Señor, meditándola día y noche... da fruto a su tiempo» (Sal 1,2); y se detendría cuando en el versículo 3 tocaba la proclamación de algo nada evidente: «Todo lo que hace le sale bien o tiene buen fin».

Jesús lo hizo bien. Pero ¿le salió bien? «¿Qué ganas con mi muerte, con que yo baje a la fosa?» (Sal 30,9). Confiar en Dios lo iba a pagar muy caro. «Lo condenarán a muerte, lo entregarán a los paganos para que se burlen de él, lo azoten y lo crucifiquen» (Mt 20,19). ¿Cómo seguir repitiendo y rezando aquellas Palabras? El hombre «que no se entretiene en el camino de los pecadores... es como un árbol plantado junto al río», mientras que «los malvados son como paja que se lleva el viento» (Sal 1,3.4). Justo lo contrario de lo que cualquiera podía ver que iba a pasar solo con abrir los ojos.

Habrá que cambiar la mirada. Habrá que abandonarse a Dios.

¿Merecía la pena aquella entrega brutal hasta la muerte? ¿Era esto lo que prometían las Escrituras? ¿No aseguraba el salmista que «el Señor protege el camino de los justos» (Sal 1,6)? ¿Dónde queda esa protección y el cuidado cuando las murmuraciones van en aumento? ¿Qué es lo que sale bien?

Lo que aparecía ante sus ojos no era deseable ni para él mismo. Pedir a sus amigos que le siguieran no debió de ser nada fácil. Sin duda prefería sufrir en sus carnes todo aquello en lugar de sus discípulos y de la gente querida. Pero la realidad era que, quienes quisieran seguirle se encontrarían tarde

o temprano con la espesura del dolor, el desprecio y la muerte. Tendrían que confiar, incluso en mitad de la desconfianza más razonable, en que Dios protege siempre, en que «al que confía en YHWH el amor le envuelve» (Sal 32,10) y en que «grande es su amor hacia nosotros, y la fidelidad del Señor dura por siempre» (Sal 117,2).

Jesús conocía la historia del bueno de Job. De sus penalidades y desgracias. Un hombre «justo, honrado y temeroso de Dios que vivía apartado del mal» (Job 1,1), a quien no le sirvió de mucho ese compromiso con el bien. Pérdida y destrucción de sus bienes, muerte de sus hijos y enfermedades terribles quebraron sus sueños y proyectos. Fue tan duro lo que vivió que dudó del sentido de todo aquello. «¿Por qué al salir del vientre no morí?» (Job 3,11). «Soy el hazmerreír; yo, que invocaba a Dios» (Job 12,4).

Pero su confianza en Dios, a pesar de sus protestas y súplicas, fue mayor. «¡Tengo fe, aun cuando digo: "Muy desdichado soy"!» (Sal 116,10). Y el Señor se mantuvo a su lado, y le concedió una vida llena de bendiciones.

También los tres anuncios de la Pasión tenían un «pero...». Tenía que sufrir mucho, sería entregado en manos de los hombres y terminaría crucificado. Pero... «al tercer día resucitaría» (Mt 16,21; 17,23; 20,19).

El hombre que se aparta del mal y pone su gozo en el Señor, posibilita que el Espíritu haga fructificar lo que ha sembrado. Todo le sale bien porque el Bien está con él y rescatará todo lo bueno.

Invitaciones

- Acompaso la respiración al recitar el último versículo del salmo primero. Lleno los pulmones de aire hasta el fondo y al inspirar repito interiormente la primera parte de la frase, «el Señor protege»; y al expirar, la segunda, «el camino de los justos» (Sal 1,6). Contemplo el significado de las Palabras que la Sagrada Escritura me regala.

- Hago memoria de algunos momentos en los que a Jesús no le salieron bien las cosas. Por ejemplo: cuando quisieron despeñarlo (Lc 4,14-28), el momento en que el joven rico no dejó sus bienes para seguirlo (Mc 10,17-23), camino a Jerusalén Pedro le recrimina y no acepta el calvario que Jesús anuncia (Mt 16,21-23) o los jefes de los sacerdotes y los ancianos se reúnen para ver cómo apresarlo con engaño (Mt 26,1-4).

  Contemplo el hilo conductor del bien que el Señor nunca dejó de hacer. Su mansedumbre y confianza en el Padre. Y me hago consciente de que su bondad ha sido más fuerte que el mal.

- Desde la Resurrección y la vida vuelvo los ojos a la historia de Jesús, y a mi historia. Y recuerdo las palabras de san Pablo: «Sabemos que a los que aman a Dios todo les sirve para el bien» (Rom 8,28). Guardo estas palabras en mi corazón y las repito como un mantra durante el tiempo de Cuaresma y pascual.

3.
Con ojos desvelados

En paz me acuesto y en seguida me duermo,
porque tú solo, Señor, me haces vivir tranquilo (Sal 4,9).

Siempre le había sido fácil conciliar el sueño y su madre le contaba cuánto le costaba a ella despertarlo para ir muy de mañana al taller con José. También sus discípulos le recordaban una y otra vez, con cierto tono de reproche, que mientras ellos luchaban por sacar agua de la barca medio inundada, él seguía durmiendo en popa tan tranquilo y les respondía sonriendo que, según el salmo, Dios a los que ama, se lo da todo mientras duermen (Sal 127). Y les recordaba también con ironía cariñosa dirigida a Pedro, Santiago y Juan, que los tres se habían quedado dormidos cuando subieron al monte a orar.

Ahora, sin embargo, eran otras las palabras que acudían a su memoria cuando se retiraba a descansar:

En mi angustia te busco, Señor, Dios mío;
de noche rebullen mis manos sin descanso,
no se me calma el jadeo;

acordándome de Dios gimo y meditando me siento desfallecer;
mantengo desvelados los ojos,
pero la agitación no me deja hablar.

Estaban siendo días de fuertes discusiones con los fariseos y los escribas y le era cada día más difícil ver cómo cargaban sobre la gente pesos que ellos ni siquiera movían con un dedo y peor aún, utilizaban para ello el nombre de Dios. Intentaba recordarles que, si el Señor había sacado a su pueblo de Egipto, era porque no toleraba verlos con las espaldas dobladas por el peso de las espuertas y que lo que esperaba de ellos no era un cumplimiento exacto de todas las prescripciones de la Ley, sino que se atrevieran a confiar en Él, como lo hacen los hijos con su padre o su madre.

Se daba cuenta de que sus Palabras se estrellaban contra un muro: se resistían a aceptar un amor que no fuera una recompensa por sus méritos, como si fuera el esfuerzo de sus acciones lo que atrajera la mirada de Dios. No conseguía convencerles con sus argumentos: «Sois un pueblo de reyes, no podéis vivir con sometimiento de siervos a ese ídolo al que llamáis dios y es un nuevo faraón que obliga a sus esclavos a construir pirámides de exigencias, purezas y perfecciones. Os llamáis hijos de Abrahán, pero ni siquiera habéis comenzado a comprender cuánto se fió él de Dios».

Volvió a casa de los amigos de Betania, agotado después de aquellas discusiones estériles y antes de dormir, en silencio bajo el limonero del patio, vinieron a su memoria las palabras de su madre otro día que había regresado a casa derrotado:

«No es tu obra la que haces, hijo, sino la del Padre. Es Él quien te ha enviado a realizarla, deja que eso te libere de la ansiedad y la tristeza al no recibir respuesta. Te ha entregado el Reino como una semilla: duerme tranquilo porque ella crece por su propio impulso. Tú no eres más que un puñadito de levadura, como la que yo mezclo con la harina cuando hago pan: ten confianza en la fuerza secreta de fermentación que esconde tu vida».

Recitó después muy despacio:

> Tú que habitas al amparo del Altísimo
> y te hospedas a la sombra del Omnipotente
> di al Señor: «Refugio mío, alcázar mío,
> Dios mío, confío en ti» (Sal 91,1).

Sintió que sus párpados empezaban a pesarle y que esa noche, seguramente, iba a conciliar pronto el sueño.

Invitaciones

- El sueño y el insomnio pueden ser indicadores de nuestros niveles de confianza o de ansiedad. Pruebo a repetir a la hora de conciliar el sueño: «Tú solo, Señor, me haces vivir tranquilo».

- Hago memoria de la extraña afirmación de Sal 127,3:

En vano os levantáis temprano y retrasáis el descanso,
los que coméis un pan de fatigas;
¡si Dios lo da a sus amigos mientras duermen!

- Acojo su invitación a tomar conciencia de si estoy demasiado centrado en mis propias acciones méritos y esfuerzos y me resulta costoso el acoger, consentir y recibir gratuitamente por parte de Dios y de los demás. Le pido ir estando cada vez más de vuelta de mis fantasías de activismo y eficacia, confiar menos en mis propias fuerzas y más en la acción de Dios en mí. Este es el orante que evoca la experiencia de preocuparse menos por los propios resultados para abrirse al asombro de lo que Dios es capaz de hacer cuando uno le deja.

- Escucho como dirigido a mí este fragmento de «La noche», un poema que Charles Péguy pone en boca de Dios:

Me gusta el que se abandona en mis brazos
como el bebé que se ríe y que no se ocupa de nada
y ve el mundo a través de los ojos de su madre y de su nodriza.
Pero el que se pone a hacer cavilaciones
para el día de mañana,
ese trabaja como un mercenario.
Yo creo que quizá podríais sin grandes pérdidas
dejar vuestros asuntos en mis manos, hombres sabios,
porque quizá yo sea tan sabio como vosotros.

Yo creo que podríais despreocuparos durante una noche
y que al día siguiente no encontraríais vuestros asuntos
demasiado estropeados,
a lo mejor, incluso no los encontraríais mal
y hasta quizá los encontraríais algo mejor.
Yo creo que soy capaz de conducirlos un poquito.

4.
Esperaré en tu nombre

Confiarán en ti los que conocen tu nombre,
porque no abandonas a los que te buscan (Sal 9,11).

Todas las personas tenemos algo que nos identifica de forma especial: un rasgo físico –el hombre de la mano seca, la mujer con los flujos de sangre–, vínculos poco frecuentes –Tomás, el Mellizo–, el carácter explosivo –Santiago y Juan, los hijos del trueno– y, por supuesto, el nombre, que ya desde antiguo era un indicador de la misión principal de la persona: Abrán pasó a ser Abra-*hán,* padre de una gran descendencia, o Simón cambió a Pedro porque iba a convertirse en la «piedra» sobre la que Jesús edificaría la Iglesia (Mt 16,18).

Cómo somos llamados dice mucho de nosotros. También de Dios. Por eso, Moisés pensó enseguida que los israelitas no se iban a conformar simplemente con que les contara lo que había sucedido ante la zarza ardiendo: «"Si ellos me preguntan cuál es tu nombre ¿qué les respondo?". Dios dijo a Moisés: "Yo soy el que soy"»; es decir, *yo soy el*

que está contigo. Ese nombre, conocido desde entonces por el pueblo de Israel, acompañó por tanto a María, José y Jesús en Nazaret.

«El Señor está contigo», le dijo Gabriel a María (Lc 1,30). Ese nombre que tantas veces había escuchado se hizo real y concreto en su vida. Se trataba del mismo de siempre, el que había sacado al pueblo de la esclavitud y el que iba a actuar ahora de nuevo a través de ella. En ese contexto de anuncio María recibió el nombre de su hijo. «Concebirás en tu vientre, y darás a luz un hijo y le pondrás por nombre Jesús» (Lc 1,31), que significa «Dios salva»; «el Salvador».

En aquellos nombres –*YHWH* y *Jesús*– quedaba todo dicho. Dios se presentaba cercano, fiel, liberador... ¡Una gran noticia! «¡Anunciaré tu nombre a mis hermanos, en medio de la asamblea te alabaré!» (Sal 22,22).

El hecho de ser además el Dios de los padres era una garantía. Se podía comprobar su fidelidad y fiabilidad de generación en generación hasta llegar a la Encarnación: «Yo soy el Dios de tus padres, el Dios de Abrahán, el Dios de Isaac, el Dios de Jacob» (Éx 3,15).

Jesús debió de respirar muchas veces el nombre *YHWH* y su propio nombre para fortalecer su identidad y recordar a qué había venido a este mundo. También el de Dios Padre, a quien cariñosamente llamaba *Abba*. No dejó de hacerlo ni siquiera en los momentos críticos. «¡*Abba!* Padre, tú lo puedes todo, aparta de mí este cáliz. Pero no sea como yo quiero, sino como tú quieres» (Mc 14,36). No renegó de Él, al contrario, se acogió a su nombre.

Había escuchado muchas veces lanzar improperios contra Dios en los momentos de dificultad. Pero él era incapaz de hacerlo. Sabía de primera mano que el corazón del Padre latía al ritmo de la misericordia, como el suyo; siguiendo el mismo compás, en un mismo espíritu que los unía.

Acogerse al nombre que había recibido era una forma sencilla pero potente de afianzarse en su misión, en esa entrega que le iba a costar tanto. Tiempo, energía, olvidarse de sí mismo, entregarse a la causa para encontrar a los que se han perdido, arriesgarse con la posibilidad de perder la vida. Lo advirtió en alguna ocasión: «Quien quiera salvar su vida la perderá... pero el que la pierda por mí la encontrará» (Mt 16,25).

En momentos de dificultad son pocas las cosas de la vida con las que nos quedamos. Alguna oración que nos reconforta, como el Padrenuestro, y el recuerdo de los rostros y los nombres de las personas que amamos. «Aferrarse» al nombre, contemplar su significado, ayuda a cultivar la confianza y la esperanza. Dios en su nombre nos dice quién es y lo que va a hacer. Haga lo que haga siempre será a nuestro favor: «Esperaré en tu nombre, porque eres bueno con los que te aman» (Sal 52,11). Y por ello lo alabaré: «¡Logre yo hacer tu nombre memorable por todas las generaciones, y que los pueblos te alaben por los siglos de los siglos!» (Sal 45,18).

Invitaciones

- Hago la oración del corazón siguiendo la invitación de 1Tes 5,17 de rezar sin interrupción.

La oración del corazón, que cuenta con una larga tradición en la Iglesia, consiste en repetir el nombre de Jesús acompañado de una petición y acompasándolo con la respiración. En el Oriente cristiano se suele hacer con las palabras que el ciego Bartimeo dirigió al Señor. Así, al inspirar decir suavemente, «Jesús, Hijo de David», y al expirar, «ten compasión de mí». La práctica continuada de este modo de orar favorece que, de forma inconsciente, nuestra respiración esté asociada a esas palabras por lo que, solo por el hecho de respirar, nos mantendremos en un estado orante.

• Recito vocalmente, susurrando, los nombres de personas que han formado parte de mi vida. Al decir sus nombres hago memoria de su rostro y de lo que han hecho por mí.

Trato de escuchar cómo pronuncia Dios esos nombres... y también el mío. ¿Cómo me resuena el tono de su voz? ¿Cuál es mi nombre según la misión que me ha sido encomendada? ¿Cómo me gustaría que me llamaran?

• Lectura complementaria: Dolores Aleixandre, *Dame a conocer tu nombre (Gén 32,30). Imágenes bíblicas para hablar de Dios,* Sal Terrae, Bilbao 2008.

5.
Dirige tus pasos a estas ruinas

Tú te alzarás compadecido de Sion,
pues es tiempo de consolarla.
Tus siervos aman sus piedras,
se compadecen de sus ruinas (Sal 102,8.14-15).

Las ruinas de la antigua torre que flanqueaba el muro de la Pilastra en Siloé seguían siendo el recuerdo mudo de un día trágico. La noticia de su derrumbamiento había llegado hasta Cafarnaún (cf Lc 13,4) y, aunque había pasado tiempo, seguían allí ocultas entre la maleza, como una invitación a repetir las palabras del salmo que expresaba el sentimiento de apego y compasión por el Templo derruido.

Esas otras ruinas eran las de una Jerusalén destruida por las tropas caldeas en tiempos del rey Jeconías y el impacto de aquel desastre había quedado grabado en Israel como una cicatriz que aún dolía y a la que volvían en sus lamentaciones:

Oh Dios, los paganos han entrado en tu heredad,
han profanado tu santo Templo,
han convertido Jerusalén en un montón de ruinas (Sal 79,1).

Dirige tus pasos hacia estas ruinas perpetuas:
el enemigo lo asoló todo en el santuario (Sal 74,3).

Un día, al salir del Templo, sus discípulos le habían invitado a detenerse y admirar las grandes construcciones que lo embellecían, pero habían recibido una respuesta desconcertante: «Os aseguro que no va a quedar aquí piedra sobre piedra, todo va a ser destruido» (Mc 13,2). Trató de explicarles que el gesto de la viuda pobre, que acababa de echar en el cepillo del Templo todo lo que necesitaba para vivir, era lo verdaderamente grandioso y deslumbrador y que era ella la que estaba edificando la casa de Israel. Pero ellos no habían comprendido sus Palabras, solo interesados en saber más acerca de aquel anuncio de destrucción.

No respondió a sus preguntas pero la imagen de las ruinas seguía acompañándole. Había salido de la ciudad y ahora la contemplaba de lejos, desde la ladera del monte de los Olivos. Era consciente de que, bajo el signo de honrar a Dios, su pueblo había levantado muros insalvables que dejaban fuera precisamente a aquellos que eran sus preferidos. Su mirada veía otros muros agrietados que amenazaban ruina, descubría lo inútil de su culto y cómo aquel sistema de tradiciones acerca de la pureza y la impureza se venía abajo. Fuera estaba él, como una tienda de beduino en medio del desierto, sin defensas ni cimientos, pero capaz de ensanchar sus lonas para acoger a todos los caminantes perdidos, a todos los cansados y derrotados, a todos los perseguidos por los poderes de la muerte.

Se sentía portador de las promesas pronunciadas por Isaías: reconstruirás viejas ruinas, edificarás sobre los antiguos cimientos. Te llamarán *reparador de brecha, restaurador de ruinas* (Is 58,11-12). Se dejó sumergir en aquellos nombres como en las aguas de un nuevo bautismo y repitió las palabras de uno de sus salmos favoritos:

Señor, me has abierto el oído y he dicho:
«Aquí estoy para hacer tu voluntad» (Sal 40,11).

Invitaciones

- Traigo a la memoria impresiones recientes al contemplar paisajes desolados después de un derrumbamiento, una catástrofe meteorológica o un incendio. Quizá han quedado grabadas en mí la ansiedad y la alteración de mi respiración al entrar en contacto con escenas de destrucción y ruina. Trato de conectar con el sufrimiento que esas situaciones han provocado en quienes han sido afectados por ellas. Los acojo en mi oración.

- Tomo conciencia de mis sentimientos y reacciones cuando entro en contacto con situaciones ruinosas: personas devastadas por la enfermedad, la pobreza extrema o algún tipo de drogodependencia. ¿Me distancio y alejo? ¿Me dejo llevar por el temor y el rechazo?

¿Siento la llamada a acercarme, aunque solo sea con una actitud de comprender y compadecerme?

- Quizá en ocasiones difíciles, he experimentado mi vida «en estado ruinoso» y he pronunciado internamente frases como «no tengo remedio», «no tengo fuerzas para volver a levantarme»... y esa percepción se ha mezclado con sentimientos de abatimiento y desaliento. Me sitúo tal como estoy ante Jesús y repito internamente: «Dirige tus pasos hacia estas ruinas...». Dejo que actúe en mí como Restaurador y Reconstructor.

- Escucha la canción de John Bell: *«Take, oh take me as I am, summon out what I shall be, set your seal upon my heart and live in me»* (Tómame, tómame como soy, convoca a lo que seré, pon tu sello en mi corazón y vive en mí), disponible en: https://www.youtube.com/watch?v=DGOKRzfK1g8.

6.
Hacia un lugar espacioso

El día de mi desgracia me asaltaron
pero el Señor fue mi apoyo.
Me sacó a un lugar espacioso,
me salvó porque me amaba (Sal 18,19-20).

Salió dos veces de su casa. La primera, cuando se despidió del Padre para venir a estar con nosotros. La segunda, al dejar Nazaret para afrontar una vida pública que le trajo tantas alegrías como sinsabores; y se despidió entonces de su madre. Cambió lugares confortables por situaciones de riesgo; espacios de intimidad, por una exposición que le acarreó prejuicios continuados sobre su persona. ¿Cuántas veces añoraría la casa de sus padres?

El contraste fue grande. En aquellos espacios pequeños la libertad era fruto del amor y por eso el corazón se esponjaba; en el mundo exterior, «ancho y ajeno», el precio de la libertad desembocó en la muerte. Cuanto más avanzaba hacia Jerusalén caminando por parajes abiertos, más crecía el sentimiento de ahogo. Se sabía observado al milímetro. El ambiente cada

vez más deteriorado. En poco tiempo mucha gente pasó del asombro –«La gente estaba admirada» (Mt 7,28); «su fama se extendió por toda Siria y le traían todos los enfermos» (Mt 4,24)–, a la sospecha –«¿No es el hijo del carpintero? ¿De dónde saca todo eso?» (Mt 13,55-56)–.

Le habría gustado huir. Lo hizo en una ocasión. Pero ya no era posible. Las circunstancias habían cambiado. Uno sabe cuándo es el momento. Había hecho todo lo que se le había encomendado. Quedaba sellarlo en la Pascua, en hebreo *pésaj*, que significa «paso», «saltar por encima» y también «protección». El espíritu le protegería en el momento de traspasar ese umbral temido. Y le ayudaría a vencer lo que parecía invencible.

La progresión a peor comenzó con las murmuraciones porque comía con publicanos y pecadores; después, con las preguntas inquisitivas porque querían pillarle y se ponían nerviosos con su interpretación libre y auténtica de las Escrituras; posteriormente con el descrédito para evitar que la gente lo siguiera; también, con los deseos de apresarlo que fueron en aumento, y por último, con el uso de engaños para condenarlo. Agotador. La fatiga de sufrir tanta incomprensión le trajo a la memoria las palabras del salmista: «¿Hasta cuándo ultrajaréis mi honor, amaréis el vacío e iréis tras la mentira?» (Sal 4,3); «las olas de la muerte me envolvían, me aterraban torrentes destructores, los lazos del abismo me apresaban, la muerte me tenía entre sus redes» (Sal 18,5-6).

Querían acorralarlo. Buscaron un lugar desde donde fuese imposible escapar, con las salidas bloqueadas. Les pa-

reció que dentro de las murallas de Jerusalén sería posible; allí todos le conocían.

Sin embargo, Jesús vivía arraigado en la confianza en el Padre. De ahí no le movía nadie. «El Señor me escucha cuando lo invoco... El Señor me ha mostrado su amor... solo tú, Señor, me haces descansar confiado» (Sal 4).

Ni la opresión ni la desolación fueron impedimento para que Dios actuara a su favor. Las murallas de la Ciudad Santa no pudieron contener el torrente de amor del Padre hacia su Hijo a quien fortaleció. En ese campo abierto por el amor, Jesús respiró.

> Desde el cielo alargó la mano y me agarró,
> me sacó de las aguas caudalosas,
> me libró de un enemigo poderoso,
> de adversarios más fuertes que yo (Sal 18,17-18).

Todo lo que tiene que ver con Dios lleva el sello de la liberación, la amplitud, la anchura y profundidad. Con Él recuperamos la capacidad de respirar, de llenar los pulmones de aire limpio y fresco. «En el aprieto me diste anchura» (Sal 4). Él habita en espacios abiertos donde el corazón se dilata y canaliza su emoción. Por eso Jesús insistía: «No temáis a los que matan el cuerpo, pero no pueden matar el alma» (Mt 10,28). Porque en lo más hondo de nuestro ser hay un lugar sagrado, espacioso y amplio, extenso e infinito, donde el espíritu se expande «a la sombra de sus alas» (Sal 17,8) hacia caminos abiertos y reductos inexpugnables.

Invitaciones

- Acompaso la respiración mientras recito vocal o interiormente dos versículos del salmo 133. Al inspirar repito la primera parte, «durante la noche»; y al expirar, la segunda, «bendecid al Señor». Me hago consciente de que en lo bueno y en lo malo, el Señor está conmigo y de Él solo puedo esperar el bien aunque la oscuridad no me permita verlo en ese momento.

- Medito sobre los lugares y las personas que dilataron el corazón de Jesús: Nazaret junto a sus padres; Betania y sus amigos; el río Jordán y la fila de pecadores junto a Juan, los momentos de las curaciones que sobrecogían el alma y despertaban admiración.

  Hago memoria de los momentos de incertidumbre, injusticia y desolación que he vivido, y recuerdo relatos bíblicos que me han ayudado a que mi corazón se esponje. Respiro mejor... la angustia disminuye.

- Nelson Mandela experimentó en la cárcel que la libertad interior era real, que existe un lugar espacioso que nadie nos puede arrebatar; por eso le gustaba recitar cada día el poema *Invictus* de W. E. Henley:

> En la noche que me envuelve,
> negra, como un pozo insondable,
> le doy gracias al dios que fuere,
> por mi alma inconquistable.

En las garras de las circunstancias,
no he gemido, ni he llorado.
Bajo los golpes del destino
mi cabeza ensangrentada jamás se ha postrado.

Más allá de este lugar de ira y llantos,
acecha la oscuridad con su horror,
y sin embargo, la amenaza de los años me halla,
y me hallará sin temor.

Ya no importan cuán estrecho haya sido el camino
ni cuantos castigos lleve mi espalda,
soy el amo de mi destino,
soy el capitán de mi alma.

7.
Tú, mi amigo y confidente

Eres tú, mi camarada, mi amigo y confidente,
a quien me unía una dulce intimidad
y que paseábamos juntos, entre el bullicio, en la casa de Dios
(Sal 55,12-13).

Eran los días previos a la Pascua y en Jerusalén se respiraba un ambiente tenso. En los círculos fariseos se preguntaban si Jesús se atrevería a subir a la fiesta y la noticia de su llegada había despertado toda clase de comentarios. Como de costumbre, no llegaba solo, sino acompañado por sus discípulos, y no dormían en la ciudad, sino en Betania porque, al menos allí, el Maestro podía encontrar sosiego.

En medio del ambiente hostil, cuando estaba rodeado por sus discípulos, tan asustadizos y frágiles, se sentía incomprensiblemente a salvo. Había tejido con ellos unos lazos de amistad —*correas de amor, cuerdas humanas,* los llamaba Oseas (Os 11,4)— y se sentía unido a ellos con una poderosa vinculación. Ellos la vivían a su manera, sin entenderle mucho, sin acertar casi nunca con lo que él pensaba o deseaba, con lo que le alegraba o le entristecía. Intentaban protegerle de la gente con la que él deseaba estar, le daban consejos desabridos, le proponían reacciones violentas, discutían y se peleaban entre ellos. Él los llamaba *hombres de poca fe, torpes y lentos de corazón* y a veces le impacientaban, pero les ponía motes de un cariño familiar, se dirigía a ellos con la ternura de los diminutivos: *pequeño rebaño, hijitos...* Incapaz de prescindir de su compañía, los buscaba como si los necesitara para seguir respirando.

Los cuidaba como a la niña de sus ojos, no toleraba que los atacaran y, si alguien lo hacía, él reaccionaba como una osa a la que le tocan sus cachorros (Os 13,2). Cuando en una ocasión los fariseos le reprocharon que sus discípulos se saltaban las abluciones rituales antes de comer, los defendió con toda su energía, les citó a Isaías, a Moisés, a la Torá y a las ofrendas sagradas, les enumeró unas cuantas fechorías que ellos cometían y acabó con un «y como estas hacéis muchas» (Mc 7,13).

Había transcurrido tiempo desde aquello y ahora las amenazas de sus adversarios, cada vez más públicas y desafiantes, hacían mella en el ánimo de los suyos. «El hijo del hombre tiene que padecer mucho y ser reprobado», les había dicho un día y ese anuncio se había convertido en una nube densa que ocupaba el espacio por el que antes circulaba su confianza recíproca. Se habían vuelto más recelosos y callados, a veces hablaban entre ellos en voz baja y volvían al silencio cuando él llegaba para no compartir lo que les preocupaba. Judas el de Queriyot se mostraba cada vez más solícito en su tarea de buscar recursos de supervivencia y socorrer a los pobres y se apartaba con frecuencia del grupo. No le decían nada porque era de carácter irritable y todos recordaban el día que bromearon con él al salir de la sinagoga después de escuchar la lectura de Amós: «¿Has oído, Judas? El profeta dice que el Señor va a mandar fuego a Moab y que los palacios de Queriyot serán destruidos» (cf Am 2,2). Él había reaccionado con violencia porque no soportaba que le recordaran su ascendencia moabita y Jesús intervino defendiéndole y echó una reprimenda a los burlones. Desde aquel día, se había creado entre él y Judas un vínculo especial y el Maestro lo llamaba con frecuencia para que se pusiera a su lado mientras caminaban y ninguno sabía de qué conversaban tan confiadamente.

Pero ahora estaba huidizo y distante y Jesús le había abordado llevándole aparte y preguntándole amistosamente: «¿No vas a contarme qué te preocupa, amigo? Aún recuerdo tu sorpresa el día en que me oíste pronunciar tu nombre y elegirte para formar parte de mi grupo de discípulos... Desde entonces no has sido solo eso para mí, sino también un compañero y un amigo que ahora carga con un gran peso en el corazón». Pero Judas había bajado la mirada y, esquivando el gesto de proximidad, se había alejado con paso rápido y rostro endurecido.

Estaba rechazando la correa de amor que Jesús le tendía y quizá él hizo suya la queja de un salmista que expresaba con dolor la decepción por la pérdida de un amigo:

> Mis amigos y compañeros se apartan de mis llagas,
> mis familiares se mantienen a distancia;

los que buscan mi muerte me tienden trampas,
los que desean mi mal me amenazan,
están todo el día planeando engaños.
En ti, Señor, pongo mi esperanza,
tú me responderás, Señor y Dios mío (Sal 38,12-16).

Invitaciones

- Acojo la sabiduría de estos proverbios bíblicos: «Al amigo fiel tenlo por amigo; el que lo encuentra, encuentra un tesoro; un amigo fiel no tiene precio ni se puede pagar su valor; un amigo fiel es un talismán» (Si 6,16); «amigo nuevo es vino nuevo: deja que envejezca y lo beberás» (Si 9,10); «en toda ocasión ama el amigo, el hermano nace para el peligro» (Prov 17,17). Dejo que resuenen en mi experiencia, evoco los nombres de quienes considero verdaderos amigos, agradezco su existencia.

- Reconozco en mí dones por los que algunas personas me consideran «un verdadero amigo/a»: lealtad, fidelidad, escucha, apoyo, disculpa, comprensión... Evoco también recuerdos dolorosos en mis historias de amistad: brechas de desconfianza, malentendidos, traiciones de mayor o menor gravedad... Me pregunto con sincera humildad si estoy a tiempo de retejer esos vínculos, reconocer errores, pedir perdón, volver a tender puentes. Recuerdo momentos de quiebras de amistad vividos por Jesús: «Pedro respondió: "No conozco a ese hombre"» (Mt 26,74). «Todos sus discípulos, abandonándole, huyeron» (Mt 26,56). Fijo mis ojos en él para aprender cómo encajar mis pequeñas experiencias de abandono.

- Agradezco su afirmación en la Última Cena con sus discípulos: «A vosotros ya no os llamo siervos sino amigos porque el siervo no sabe lo que hace su señor; vosotros sois mis amigos porque todo lo que he oído de mi Padre os lo he dado a conocer» (Jn 15,15). Abro espacio en mi corazón a esas Palabras que, como una ráfaga cálida, barren viejos vestigios de temores o recelos. Acojo la alegría y el orgullo de tener por Amigo a Jesús.

- Releo tres textos significativos de la escena del prendimiento de Jesús en el huerto: «Se le acercó Judas y le dijo: "¡Salve, Maestro!", y le besó. Jesús le dijo: "Amigo, ¿a qué vienes?"» (Mt 26,49-50). «Si me buscáis a mí, dejad marchar a estos» (Jn 18,8).
  Acojo silenciosamente el peso de tanto amor.

8.
No les deis el corazón

Y aunque crezcan vuestras riquezas
no les deis el corazón (Sal 62,11).

Era momento para recordar todo lo compartido con el Maestro en busca de algún sentido para todo lo que estaba ocurriendo. Fue memorable aquel sermón en el monte, síntesis de sus enseñanzas (Mt 5–7), donde Jesús nos alertó de que revisáramos los apegos de nuestro corazón: «Porque donde está tu tesoro allí estará tu corazón» (Mt 6,21). Y donde vibra el corazón se revela quiénes somos.

Jesús tenía su corazón arrebatado por el Padre: «Yo y el Padre somos uno» (Jn 10,30). Y vibraba al hacer su voluntad. Le emocionaba saber que los dos actuaban al unísono y querían lo mismo: curar, perdonar, bendecir, acompañar a la humanidad enferma, perdida, desorientada. Tenía la certeza de que, pasara lo que pasase, si hacía lo que el Padre le pedía, saldría algo bueno, aunque no lo entendiera del todo y en ocasiones fuera difícil.

Le debió de doler ir viendo cómo progresivamente algunos que le habían escuchado con interés, e incluso le admiraban, no terminaran de tener el coraje de seguirle porque continuaban aferrados a lo que el mundo valora. Por eso les recordaba aquellas palabras de Isaías: «Este pueblo me honra con los labios, pero su corazón está lejos de mí» (Is 29,13; Mc 7,6).

Aquel joven que tenía tantas riquezas era honesto, pero estaba demasiado encariñado con su buena posición y su fortuna como para dársela a otros e ir con él a vivir a la intemperie (Mt 19,16-29). Poner a Dios en primer lugar tiene su miga. No terminamos de creer que «no se puede servir a dos señores» (Mt 6,24).

Tampoco Judas fue capaz de controlar su afán por el dinero a pesar de la amistad que les unía. Su debilidad no fue el miedo sino el vil metal. Prefirió la riqueza al Maestro. El problema es que la gratificación de las monedas fue fugaz. En cuanto las tuvo en sus manos se dio cuenta de lo absurdo que había sido idolatrar algo creado con nuestras manos. ¡Había olvidado el ridículo que hizo Israel cuando fabricó y adoró un becerro de oro (Éx 32)! ¡Y él había cambiado al Señor por calderilla!:

> Sus ídolos son plata y oro,
> hechura de manos humanas:
> tienen boca, y no hablan;
> tienen ojos, y no ven;
> tienen orejas, y no oyen;

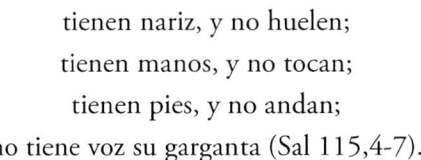

tienen nariz, y no huelen;

tienen manos, y no tocan;

tienen pies, y no andan;

no tiene voz su garganta (Sal 115,4-7).

A Jesús le invadió la tristeza al ver cómo rechazábamos servir a Dios –¡y qué Dios!–, mientras escogíamos algo tan burdo como el dinero.

Necesitó rezar mucho para soportar la pena. Y recitó muchos versículos no solo pensando en él, sino en nosotros. Probablemente confiaba en que, con su oración y su ejemplo, se nos quedaría grabada cuál era la senda que nos conduce al Padre. Su afán era que nos enteráramos de lo que de verdad nos hace bien:

¿Quién puede subir al monte del Señor?

¿Quién puede estar en el recinto sacro?

El hombre de manos inocentes y puro corazón,

que no confía en los ídolos,

ni con engaño jura (Sal 24,3-4).

Conocía perfectamente lo frágiles que somos. No se escandalizaba por ello, pero le preocupaba que cayéramos en las tentaciones más obvias. Por eso, animaba a la gente respirando las palabras del salmista: «Sed fuertes y valientes de corazón los que esperáis en el Señor» (Sal 31,25). Demasiados cantos de sirena, demasiada vanidad. El brillo de lo mundano nos pierde y no terminamos de creer que, si lo elegimos, lo que viene después es el vacío. Para mantenernos en el camino justo –lleno de dudas, curvas y vaivenes– necesitamos a Dios, «que salva a los rectos de corazón» (Sal 7,11); y que «me socorre y mi corazón se alegra y le canta agradecido» (Sal 28,7).

Invitaciones

- Acompaso la respiración al recitar el versículo 33 del salmo 69. Lleno los pulmones de aire hasta el fondo y al inspirar repito interiormente la primera parte, «buscad al Señor»; y al expirar, la segunda, «y revivirá vuestro corazón». Tomo conciencia de cómo el aire entra en mis pulmones y cómo el espíritu me anima a que Dios sea mi centro, mientras que al expulsarlo me dejo llevar por la sensación de descanso al sentir mi alma llena y aliviada.

- «"Maestro, ¿cuál es el mandamiento mayor de la Ley?". Él le dijo: "Amarás al Señor, tu Dios, con todo tu corazón, con toda tu alma y con toda tu mente"» (Mt 22,36-37). Medito en el silencio las Palabras que Jesús contestó a la pregunta del fariseo. Y me detengo en mirar lo que en la cotidianidad me ocupa y preocupa. Me gustaría que Dios estuviera en el centro de mi corazón, pero... ¿qué cambiaría para que el Señor fuera lo primero? ¿Cuáles son los apegos o afecciones desordenadas que lo desplazan?

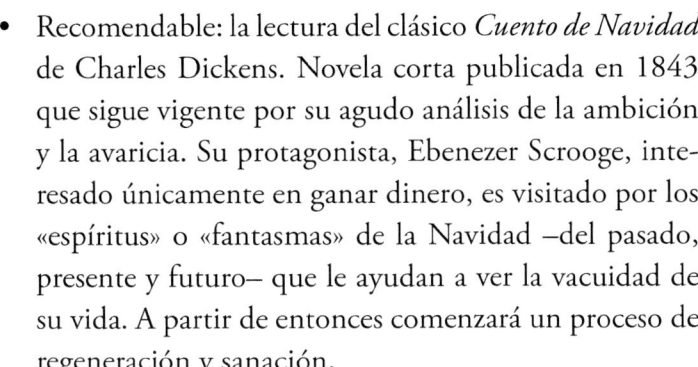

- Recomendable: la lectura del clásico *Cuento de Navidad* de Charles Dickens. Novela corta publicada en 1843 que sigue vigente por su agudo análisis de la ambición y la avaricia. Su protagonista, Ebenezer Scrooge, interesado únicamente en ganar dinero, es visitado por los «espíritus» o «fantasmas» de la Navidad —del pasado, presente y futuro— que le ayudan a ver la vacuidad de su vida. A partir de entonces comenzará un proceso de regeneración y sanación.

9.
Como un centinela

El Señor reina, la tierra goza,
se alegran las islas innumerables,
amanece la luz para el honrado
y la alegría para los de corazón sincero
(Sal 97,1.11).

Acostumbrado a madrugar, conocía bien ese avance débil y poderoso de la luz que se abre paso, invencible, a través de las tinieblas. Recordaba lo que había escuchado de niño al rabino de la sinagoga de Nazaret, cuando le preparaba para su *Bar mitsvah:*

La palabra hebrea *shajar* con la que nombramos el comienzo del día, el amanecer, tiene que ver con *tsajar,* «claridad», y con *zohar,* «esplendor», y se refiere al comienzo de la luz. Pero también está en relación con *shajor,* «oscuridad, negrura», con ese momento en que las tinieblas comienzan a disiparse. Por eso nuestro pueblo, a diferencia de los gentiles, proclama que el origen del día está en la noche, que el alba comienza en la oscuridad, que la luz surgirá en medio de las tinieblas. Tú llegaste a la vida después de estar mucho tiempo en el vientre de tu madre, y ella que te guardó allí nueve meses a oscuras, te estaba preparando para que pudieras recibir la luz. Tu vida empezó antes de tu nacimiento, en la noche. Por eso nuestros sabios nos recuerdan que el momento de verdadera oscuridad es cuando llega el alba porque entonces la luna y las estrellas desaparecen y no existe mayor oscuridad que la de ese momento. Pero es precisamente entonces cuando el Santo, bendito sea, responde al clamor del mundo y hace surgir el alba en medio de las tinieblas para iluminarlo[1].

Desde entonces había orado muchas veces con las palabras de los salmos:

> *¡Dios mío, qué grande eres!*
> Te vistes de belleza y majestad,
> la luz te envuelve como un manto (Sal 104,1).

> El Señor es mi luz y mi salvación
> *¿a quién temeré?* (Sal 27,1).

> Ni la tiniebla es oscura para ti,
> la noche es clara como el día (Sal 139,12).

---

[1] *Midrash Tehillim* sobre Sal 22,1 «La cierva de la aurora».

Sin embargo, esas palabras no fluían ahora con facilidad de sus labios: se sentía envuelto en presagios sombríos y presentía que se estaba aventurando en la oscuridad incierta de la noche. Un orante evocaba a un Dios que llegaba envuelto en tiniebla y nube, la tierra se estremecía y «los montes se derretían en su presencia» (Sal 97,2-3); y si los montes se derretían, no era de extrañar que también él, un hijo de hombre, sintiera conmoverse los cimientos de su existencia.

Trató de recordar lo que José le contaba de Moisés, cómo el Señor le había invitado a subir a la cumbre del Sinaí: allí había tenido que esperarle muchos días y muchas noches, hasta que Él se acercó envuelto en una densa nube. Después de escuchar a José, le había contado a su madre lo aprendido y ella le explicó que la nube velaba el secreto de Dios, que no había que temerla: «Gracias a ella aprendemos a esperar al Señor con humilde paciencia. Cuando al concebirte en mis entrañas escuché que la fuerza del Altísimo iba a cubrirme con su sombra, supe que mi vida iba a estar envuelta en ella y que la oscuridad iba a ser compañera de mi camino».

Recordó la narración del Éxodo que repetían, año tras año, en el *seder* de Pascua: «Noche de vela fue aquella noche para el Señor para sacarlos de Egipto. Y esa noche será para los israelitas noche de vela en honor del Señor generación tras generación». Y le alcanzó la certeza de que, como a un centinela, le había llegado su turno de vela y debía mantenerse vigilante a lo largo de la noche.

Invitaciones

- «En el principio creó Dios el cielo y la tierra. La tierra era una soledad caótica y las tinieblas cubrían el abismo, mientras el espíritu de Dios aleteaba sobre las aguas. Y dijo Dios: "Que exista la luz". Y la luz existió» (Gén 1,1-3). Son palabras que evocan de alguna manera mi propia experiencia de pequeñez y pobreza —*oscuridad, vacío, caos*— y también de la *Luz* que ilumina esas tinieblas.

  Abandono mi miedo a contactar con todo lo que en mí es oscuro, desordenado o inquietante, se lo confío al Espíritu que aletea sobre su creación, me pongo a la espera de su Presencia activa que sigue creándome cada día.

- Dejo que resuenen en mi corazón las invitaciones evangélicas a vivir en espera atenta y vigilante: «Sucederá lo mismo que con aquel hombre que se ausentó de su casa, encomendó a cada uno de los siervos su tarea y encargó al portero que estuviera alerta. [...] A vosotros os digo: ¡velad!» (Mc 13,34-37); «tened la cintura ceñida y encendidos los candiles..., estad preparados» (Lc 12,35.40).

  Hago un breve chequeo a esa atención que crea en mí las actitudes de receptividad, acogida, espera y disponibilidad que refleja un salmista: «Por la mañana te presento mi súplica y me quedo a la espera» (Sal 5,4).

- Teresa de Jesús detecta dónde está la raíz de la des-atención: «Pues así comencé, de pasatiempo en pasatiempo, de vanidad en vanidad, de ocasión en ocasión, a meterme tanto en muy grandes ocasiones y andar tan estragada mi alma en muchas vanidades [...] que comenzó a faltarme el gusto y regalo en las cosas de virtud» *(Vida* 7,1).

Otro sabio de nuestros días, Adolfo Nicolás SJ, habla también de atención y distracciones: «He estado releyendo algunos de los clásicos de la vida religiosa: Ignacio de Loyola, Francisco Javier, Juan de la Cruz, Teresa de Ávila. Los he encontrado más refrescantes para el corazón. Es como volver a casa de nuevo, a los orígenes, al primer amor, a cuando pensé por primera vez que había algo por lo que valía la pena dar toda mi vida. Seguí preguntándome: ¿qué es lo que estaba tan presente en ellos y qué parece que hemos perdido? Creo que es su *centramiento total*. Habían sido atrapados por el Espíritu, el fuego, la vida y el estilo de Cristo, y se habían quedado allí, totalmente centrados, explorando sus profundidades, reconstruyendo toda su vida alrededor de este nuevo centro. Tocaron terreno en esta experiencia y vivieron todo lo demás, quemándose con ella, compartiendo el fuego y la luz con los demás. Al lado de estos santos, parecemos estar enormemente y –si me permiten la expresión– estúpidamente *distraídos*».

Me dejo atraer por el sentido y la belleza de ese vivir en *centramiento total* que convierte en «estúpido» el vivir distraído *de pasatiempo en pasatiempo*...

10.
No olvidaré tus Palabras

Medito tus mandatos,
y me fijo en tus sendas;
tus decretos son mi delicia,
no olvidaré tus Palabras (Sal 119,15-16).

Nadie podía reprocharle que no hubiera sido claro, aunque no siempre se entendiera lo que decía. Necesitábamos cambiar la mente y el corazón para comprender mejor. Pero nunca le pillaron en un renuncio por más que lo intentaron. Conocía la Torá y sabía bien lo importante que era para Israel por tratarse de las enseñanzas atribuidas a Moisés. Se trataba del lugar donde recurrir para sustentar la fe y la identidad para cualquier judío. Por eso ponía cuidado y empeño en dejar claro que no había venido a abolir lo que estaba escrito en ella, «sino a dar plenitud» (Mt 5,17). Pero decir eso ya era una osadía. Jesús se estaba moviendo en terreno pantanoso.

Hablar con autoridad sobre los asuntos de Dios le ponía en el disparadero. Los «entendidos» no se pararían a pensar si

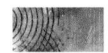

sus Palabras y gestos eran coherentes. Puede que, al escucharlo, experimentaran alguna emoción; pero nunca lo reconocerían. El orgullo es así. Había demasiado en juego para todos. Solo algunos casos honrosos y aislados, como José de Arimatea, miembro distinguido del Sanedrín que seguía escondidamente a Jesús, o Nicodemo, magistrado fariseo que lo defendió cuando fue encarcelado, fueron capaces de superar la barrera de la autosuficiencia para darle una oportunidad. «¿Acaso nuestra Ley permite juzgar a nadie sin escucharlo primero y averiguar lo que ha hecho?» (Jn 7,50), defendía Nicodemo.

La situación que se generó era paradójica. Jesús argumentaba con la Sagrada Escritura. Les ganaba la partida por la vía de la lógica de la Historia de la Salvación. Por eso, quienes se sintieron amenazados por sus brillantes discursos y sus buenas obras buscaron otros métodos poco honestos para desacreditarlo. Cayeron en modos de proceder contrarios a la Ley que tanto defendían y por la que le acosaban. Jesús debió experimentar una gran pesadumbre sabedor de sus juegos y de su malicia.

> Todo el día retuercen mis palabras,
> todos sus pensamientos son de hacerme mal;
> se conjuran, se ocultan, mis pisadas observan,
> como para atrapar mi alma (Sal 56,5-6).

> Los insolentes urden engaños contra mí,
> pero yo custodio tus mandatos de todo corazón (Sal 119,69).

Jesús no quería competir ni desplazar a nadie. Pero no podía permitir que los textos sagrados fueran utilizados para oprimir cuando significaban todo lo contrario. «Soy más sagaz que los ancianos, porque cumplo tus mandatos» (Sal 119,100). «Y les decía que el sábado se hizo para el hombre, y no el hombre para el sábado» (Mc 2,27), o que «no tienen necesidad de médico los sanos, sino los enfermos» (Mt 9,12). Pero todo eso les enrabietaba más.

Sabedor de que estas afirmaciones no eran bien recibidas por los «influyentes», puso todo su empeño en mostrar que no había oposición entre lo que contaba y lo que hacía. Únicamente le movía hacerse eco de lo escrito y poner en práctica la palabra de Dios.

Algo debieron de ver en Jesús que les incomodaba tanto como para decidir que la muerte era la solución. Y efectivamente lo era... no del modo en que pensaban.

Los hombres que tanto defendían la Ley la incumplieron con malas artes. Jesús, al que acusaban y que tanto les molestaba, la llevó hasta sus últimas consecuencias. El Padre lo protegió por ser fiel y no olvidarse de sus Palabras:

Aleja de mí las afrentas y el desprecio,
porque observo tus preceptos;
aunque los nobles se sienten a murmurar de mí,
tu siervo medita tus decretos (Sal 119,22-23).

Lámpara es tu Palabra para mis pasos,
luz en mi sendero (Sal 119,105).

Señor, que me alcance tu favor,
tu salvación según tu promesa;
así responderé a los que me injurian
que confío en tu Palabra (Sal 119,41-42).

Invitaciones

- Acompaso la respiración al recitar el versículo 114 del salmo 119. Lleno los pulmones de aire hasta el fondo y al inspirar repito interiormente la primera parte, «tú eres mi refugio y mi escudo»; y al expirar, la segunda, «yo espero en tu Palabra». Recuerdo que la Palabra que procede de Dios es eterna, permanece por siempre y me puedo acoger a ella, aunque esté en medio de una experiencia de oscuridad. Hago presente a Jesús en su camino a Jerusalén y contemplo cómo permanece fiel a la voluntad del Padre, a la misión que se le encomendó, a pesar de las murmuraciones y las pruebas a las que fue sometido.

- Una película: *Un héroe* (2021), del director Asghar Farhadi. Drama social de un hombre divorciado y padre de un hijo tartamudo, que está en la cárcel por impago de una deuda. Durante un permiso, él y su novia encuentran una bolsa con dinero que devuelven y comienza a ser tratado como un héroe, pero las cosas se complicarán en una interminable cadena de intereses y mentiras que desplazarán la verdad.

- Hago memoria de personas que han estado en mi vida y que han sido ejemplo de entereza, fidelidad y confianza en Dios. Que cuanto más probadas eran, más permanecían «adheridas» a Él. Agradezco y guardo en mi corazón su presencia inspiradora.

11.
Nada me falta

El Señor es mi pastor,
nada me falta:
en verdes praderas me hace recostar
me conduce hacia fuentes tranquilas
y repara mis fuerzas (Sal 23,1-3).

¿Cómo explicar que solo la presencia de Dios basta para sobrevivir? ¿Quién va a creer en la Palabra de un condenado a muerte que acata la voluntad de un Padre que en ese momento no le conducía *hacia fuentes tranquilas,* sino a vivir un calvario, un «terremoto» existencial?

Desde que vino a este mundo sabía que su modo de proceder en todas las cosas iba a llevar la marca del despojamiento. Porque «siendo de condición divina no retuvo ávidamente el ser igual a Dios... Y así, reconocido como hombre por su presencia, se humilló a sí mismo, hecho obediente hasta la cruz» (Flp 2,6-8).

Esa desapropiación brutal no la hizo por su cuenta, ni para cumplir un deseo propio, sino para llevar a cabo una misión que se le había encomendado: «Este mandato he recibido de mi Padre» (Jn 10,18). Contaba, por tanto, desde el principio, con el apoyo del Padre. Jesús no era un lobo solitario. Experimentó la soledad aunque se sabía acompañado por pocos, de un modo tan hondo que no necesitaba más para saberse sostenido.

Desde que llegó a Jerusalén, sin embargo, no tuvo nada fácil defender la imagen que había transmitido en numerosas parábolas de un Padre cuidador tan pendiente de él y de nosotros que «hasta los cabellos de la cabeza tenemos contados» (Mt 10,30). No somos tan insignificantes como algunos nos quieren hacer pensar.

Había llegado el momento de la hora decisiva. Jesús demostraría que el Padre estaba con él, como lo está con nosotros, en toda circunstancia. Resonarían en su cabeza y su corazón una y otra vez aquellas palabras del salmista:

Descansa en el Señor y espera en Él (Sal 37,7).

Poderoso defensor en el peligro.
Por eso no tememos, aunque tiemble la tierra
y los montes se desplomen en el mar (Sal 46,2-3).

Aunque camine por cañadas oscuras,
nada temo, porque tú vas conmigo (Sal 23,4).

No es difícil imaginar a Jesús respirando el salmo 23 en estas circunstancias. Con recogimiento y emoción conteni-

da, sabiéndose *ungido con perfume,* dispuesto a morir, y con una *copa rebosante* en esa mesa preparada que iba a presidir y a la que sigue invitada la humanidad entera. ¿Llegaría a sospechar en esos momentos que se estaba fraguando una celebración que duraría por siempre en la que él era el actor principal?

Pero antes de la fiesta final tendría que pasar por una travesía dolorosa que le llevaría a desapropiarse aún más para dejarnos todo lo necesario y que nada nos falte. Por eso, se fue a prepararnos un lugar donde descansaremos «de por vida» y pasó el testigo de la misión al Espíritu que, a partir de entonces, se haría cargo de nosotros:

Sea el Señor tu delicia, y Él te dará lo que pide tu corazón (Sal 37,4).

El Señor es mi pastor, nada me falta (Sal 23,2).

Invitaciones

• Acompaso la respiración al recitar el primer versículo del salmo 23. Lleno los pulmones de aire hasta el fondo y al inspirar repito interiormente la primera parte, «el Señor es mi pastor»; y al expirar, la segunda, «nada me falta». Tomo conciencia de cómo el aire entra en mis pulmones y de cómo el espíritu me invita a descansar en Dios. No todo depende de mí. «Él me guía

y me conduce hacia fuentes tranquilas, y repara mis fuerzas, aunque camine por cañadas oscuras».

- Aunque el Señor esté conmigo y me cuide no siempre soy consciente de ello ni sé reconocerlo. Echo en falta su presencia palpable, como le pasaba a santo Tomás, que quería tocar sus heridas con sus dedos.

  Trato de hacer una lectura de mi vida fijándome especialmente en personas que casi pasaron desapercibidas y que, sin embargo, me hicieron bien. O intento detenerme en esos cuidados que recibí y no aprecié.

  Una miniserie: *La asistenta* (2021), diez episodios. Interpretada por Margaret Qualley. Una madre soltera que realiza múltiples trabajos domésticos con tal de sacar a su hija adelante.

- Dejo entrar en mi corazón palabras de consuelo de Jesús: «Venid a mí los que estáis fatigados y agobiados y yo os aliviaré» (Mt 11,28). «Me conduce hacia fuentes tranquilas y repara mis fuerzas» (Sal 23,3). Recuerdo que él también experimentó la fatiga o el temor. Puede entenderme. Mi historia es, en parte, su historia. Y me quedo en su regazo, y le hablo de mis miedos.

- El Señor nos hace falta, pero ¿y si le hago falta yo a Él o a otros? ¿Cómo acompaño a los demás y al Señor cuando las cosas se van poniendo difíciles? ¿Quién abandona a quién?

12.
Con la mesa preparada

Tú preparas ante mí una mesa
frente a mis enemigos que me odian,
me unges la cabeza con perfume,
mi copa rebosa (Sal 23).

«¿**D**ónde quieres que te preparemos la cena de la Pascua?» (Mc 14,12). Conocía bien a los suyos y se daba cuenta de que, detrás de su pregunta, se escondía la preocupación y que buscar lugar, comprar lo necesario y disponerlo todo era su manera de distraer su inquietud y aparentar normalidad. Recordó el salmo y pensó que en ese momento eran ellos quienes estaban asumiendo la tarea de preparar aquel banquete frente la hostilidad que les rodeaba.

Le gustaban especialmente esas palabras porque en ellas escuchaba la respuesta de Dios a las dudas y desconfianzas del pueblo que murmuraba: «¿Podrá el Señor prepararnos una mesa en el desierto?» (Sal 78,19). El don del maná y de las codornices habían sido entonces la respuesta, pero intuía

que era ya la hora de otro festín aún más desmesurado que el de «manjares espléndidos y vinos de solera»... profetizado por Isaías (25,6).

Para la hora que se acercaba no eran necesarias la abundancia ni el refinamiento, sino la calidez de las relaciones y la seguridad que comunica la proximidad de los amigos. En una ocasión había contado la parábola del rey que había preparado un banquete espléndido para celebrar las bodas de su hijo pero, al final solo había participado del festín la gente más humilde y perdida.

Quizá ahora, en la cena que sus discípulos se afanaban por preparar, la parábola iba a convertirse en realidad y solo un pequeño grupo –*rebañito* los llamaba él a veces...– iba a estar a su lado. Recordó el día en que una multitud venida de todas partes les había seguido hasta el desierto y los suyos se pusieron a hacer cálculos a partir de sus posibilidades: «no tenemos», «esto es poco», «despídelos, que vayan ellos a comprar...».

Entonces había tratado de orientar su mirada más allá de sus carencias para que descubrieran, a través de los cestos rebosantes de panes y peces, el desmedido amor de su Padre. Pero ahora aquello no bastaba porque no era solo el hambre sino la amenaza de muerte la que se cernía sobre ellos. Un salmo proclamaba: «El Señor libra a sus fieles de la muerte y los alimenta en tiempos de hambre» (Sal 33,19).

Seguramente no iba a estar en su mano librar a los suyos de las sombrías amenazas que los envolvían, solo estaba en su mano ofrecerles el asilo de su presencia como un pan y sostenerles con una fuerza que los mantuviera en pie.

Y mientras ellos hacían preparativos para la cena de Pascua, él preparaba las Palabras con las que esa noche iba a afianzar su seguridad en que, ocurriera lo que ocurriera, iba a seguir estando con ellos. Y que en aquella copa de vino y en el pan que iba a partir para ellos, estaba su propia vida entregada y su deseo de que siguieran haciendo lo mismo para recordarle.

Invitaciones

- Hago memoria de tantas «mesas preparadas» como he ido encontrando a lo largo de mi vida, de todo aquello que me ha sostenido, fortalecido, que ha nutrido tanto mi cuerpo como mi espíritu. Detrás de cada una de esas «mesas» hay rostros y nombres de personas concretas que se han ocupado de mí y me han cuidado. Respiro sus nombres con agradecimiento.

- Tomo conciencia de cómo y con quiénes comparto la mesa de mi vida, a quién acojo y a quién excluyo de mi atención, mi afecto, mi tiempo, mi interés... Me dejo mirar por el Señor, le pido perdón por mis estrecheces, le pido que ensanche mi corazón y mi espacio vital para hacer sitio a los diferentes.

- Reconozco en mí recursos que me capacitan para la tarea de «preparar mesas» y posibilitar la vida a otros.

Agradezco los dinamismos de inclusión que están ya presentes y actuantes dentro y fuera de la Iglesia y avivo el deseo de que crezca en mí la actitud «sinodal» de incorporar, agregar, atraer, vincular...

13.
¿Se anuncia en el sepulcro tu lealtad?

Me has colocado en lo hondo de la fosa,
en las tinieblas del fondo.
¿Se anuncia en el sepulcro tu lealtad,
o tu fidelidad en el reino de la muerte? (Sal 88,7.12).

Había llegado la noticia de la muerte de Lázaro y el Maestro dijo que era el momento de ponerse en camino hacia Betania. Echaron a andar en silencio. Habían perdido a alguien muy querido y ninguno de sus discípulos entendía por qué Jesús, a pesar de conocer su enfermedad, había decidido no acudir de inmediato que era lo que ellos esperaban.

Al iniciar el camino, Felipe comenzó a recitar en alto el salmo 88 y al llegar al verso: «¿Se anuncia en el sepulcro tu lealtad, o tu fidelidad en el reino de la muerte?», se había detenido: se sentía tan consternado y rebelde ante una muerte incomprensible, que no podía seguir orando. Fue como si sus palabras abrieran las compuertas para que emergieran las

preguntas que todos llevaban dentro: ¿Por qué había permitido Dios que muriera alguien tan bueno y honrado como Lázaro?; ¿era verdad lo que afirmaba otro salmo de que los muertos ya no se acuerdan de Dios y nadie lo alaba en la tumba? (cf Sal 6,6). Natanael, buen conocedor de las Escrituras, recordó las palabras de Qohélet: «Comprendí que una suerte común les toca a todos y me dije: la suerte del necio será mi suerte, ¿para qué fui sabio?, ¿qué saqué en limpio? Y pensé para mí: también esto es vanidad. Todos caminan al mismo lugar, todos vienen del polvo y todos vuelven al polvo» (Qo 2,15; 3,20).

Jesús los había escuchado sin decir nada pero, cuando hicieron una pausa para descansar, les confesó que también su corazón estaba inundado de tristeza por la muerte de Lázaro y por la desolación de quienes también le amaban. Comprendía que sintieran rebeldía ante otra victoria de la muerte, pero a él se le quedaban pequeñas las palabras de Qohélet y estaba convencido de que el destino de cada criatura no terminaba en el polvo y la tumba: al final la acogerían las manos del Padre y, desde el reino de la muerte, llegaría hasta Él la alabanza. Lázaro dormía en el sepulcro, pero el Padre había puesto en manos del Hijo el poder de despertarle.

Muchos años más tarde, Juan aún recordaba lo que aquel día había aprendido de la sabiduría del Maestro: sus ojos traspasaban el reino de las tinieblas y por eso, en el grano de trigo que se pudre en tierra, contemplaba ya la espiga que iba a brotar (cf Jn 12,24) y en la angustia de una mujer en el parto, él ya escuchaba el llanto del niño que nacía trayendo

la alegría al mundo (cf Jn 16,21). Por encima de todo le habitaba una invencible esperanza en el Dios Amigo de la vida (cf Sab 11,26) y nos invitaba a convertir en afirmaciones las preguntas del salmista (Sal 88,10-11).

> Tú harás maravillas en favor de los muertos,
> las sombras se alzarán para darte gracias;
> se proclamará tu amor en la tumba
> y tu fidelidad en el reino de la muerte.
> Las tinieblas alabarán tus maravillas
> y la tierra del olvido cantará tu salvación.

Invitaciones

- Me sitúo imaginariamente en las afueras de Betania, cerca de la tumba de Lázaro. Respiro el ambiente de duelo, la conmoción por la pérdida, el dolor de la despedida irreversible de un hermano y un amigo. Lázaro está envuelto en vendas y ya detrás de la piedra del sepulcro. «Jesús dijo con voz potente: "Lázaro, sal fuera". El muerto salió del sepulcro. Tenía las manos y los pies vendados y la cara envuelta en un sudario. Jesús les dijo: "Quitadle las vendas para que pueda andar"» (Jn 19,43-44). Escucho, como dirigida a mí esa orden poderosa de Jesús que me convoca a abandonar todo aquello que me retiene encerrado, a soltar las vendas que me paralizan y entorpecen que pueda caminar y respirar libremente.

- Releo despacio la escena de la resurrección del hijo de la viuda de Naín (Lc 7,11-17): «Llevaban a enterrar al hijo único de una viuda. El Señor, al verla, se compadeció de ella y le dijo: "No llores. Muchacho, a ti te digo: levántate"». La narración abre ante mí una puerta para adentrarme en el mundo del sufrimiento y del dolor: no desaparece nada de su misterio, ni tampoco de la urgencia de luchar contra todo mal y toda opresión. Pero puedo hacerlo desde la seguridad de que existe Alguien que nunca se resignará a nuestras lágrimas y con su poderosa compasión es capaz de cambiar su signo de manera irreversible.

- Aprendo de Jesús el arte de establecer relaciones profundas con las personas con las que me cruzo, de compartir hasta el fondo sus situaciones, en una comunicación sincera sin huir del sufrimiento. Le doy gracias porque en él se cumple la profecía: «El Señor enjugará las lágrimas de todos los rostros» (Is 25,7). Le pido que me regale algo de su capacidad compasiva, de su empatía, su proximidad, su comprensión...

- Tomo conciencia de que mi existencia, que comenzó con una inspiración y acabará con una espiración, expresa con ese ritmo vital que todo consiste en acoger la vida y entregarla. Al contactar con mi respiración, puedo simbolizar en la inspiración mi acogida de su presencia y de su don y en la espiración el deseo de

consentir, de entregarme confiadamente a Aquel de quien recibo la vida.

- Puedo hacer el gesto silencioso de abrir mis manos exponiendo ante Dios mi pobreza. Y diciéndole, una vez más, mi seguridad de que Él cumplirá su promesa de estar a mi lado cuando llegue el momento de dar el salto. Sin tratar de agarrarlo, porque será Él quien me agarre y lo único que tendré que hacer es extender mis brazos y mis manos y confiar.

14.
Mi aliento vivirá para Él

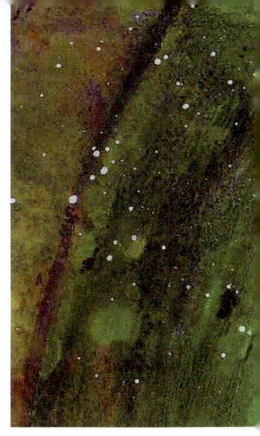

Mi aliento vivirá para Él,
mi descendencia estará a su servicio,
se hablará del Señor por generaciones (Sal 22,30-31).

La decisión de algunos de abandonar el grupo había sido un duro golpe para los que se quedaron. Los que se marchaban dijeron que era demasiado dura para ellos la radicalidad de los planteamientos de Jesús: estaban dispuestos a aprender sus enseñanzas y a seguir sus consejos, pero les escandalizaba su afirmación de que solo su persona –«mi carne y mi sangre», había dicho– debía ser su referente, su único Pan.

Él preguntó después a los demás si también querían irse y Pedro expresó el sentir de todos: «¿Como vamos a irnos si vivimos gracias a tu Palabra?». Más tarde, sin embargo, y a solas con el Maestro, se había atrevido a confesarle: «Me pregunto si el que muchos se hayan ido no será un signo de que también Dios nos abandona. A veces me habita la misma queja del salmista que pregunta: "Dios mío, Dios mío ¿por

qué me has abandonado?" (Sal 22,1). Tú que pasas tantas noches orando a Dios y le llamas *Padre* tuyo, ¿no te quejas a veces ante Él? ¿No le preguntas por qué unos te abandonan, otros te persiguen y somos pocos los que te seguimos?».

Jesús, como tantas veces, había puesto la mano sobre su hombro y le había escuchado largo tiempo. Solo después de un largo silencio, le habló del trigo, y de cómo necesita ser zarandeado para separarse de la paja y de que solo así podrá volverse harina para el pan.

Aquella noche le vieron retirarse a orar según su costumbre y, al día siguiente, inició la oración del grupo recitando el salmo 22. Ellos se unieron a aquellas palabras, sobrecogidos por la hondura doliente de sus palabras de imprecación y de súplica desgarrada: «De día te grito y no respondes; de noche, y no me haces caso. Mi lengua está pegada al paladar, mi corazón se derrite como cera». «No te alcanzan mis clamores ni el rugido de mis palabras. No te quedes lejos, fuerza mía, ven corriendo a auxiliarme».

El Maestro les invitó a repetir los versos finales: «Alabarán al Señor los que lo buscan: lo recordarán y volverán a Él... en su presencia se postrarán las familias de los pueblos. Mi aliento vivirá para Él. Mi descendencia le servirá y contará quién es, anunciará que Él actuó».

Ellos reconocieron que casi nunca rezaban el salmo hasta el final, que el tono de angustia no les dejaba llegar hasta a la alabanza. Mucho tiempo después, cuando su Señor no estaba ya con ellos, supieron que en la cruz había preguntado a Dios por qué le abandonaba y recordaron lo que habían hablado

el día en que rezaban el salmo 22 y al repetir la frase: «Desde el seno me arrojaron a ti, desde el vientre materno tú eres mi Dios», les dijo que él nunca había perdido la seguridad en que el Padre estaba siempre de su parte, también en los momentos oscuros. Nos dijo que quien vivía asentado en la roca de esa confianza podía también quejarse, como los niños que a veces protestan y patalean, pero saben que su madre los sostiene y nunca los dejará caer. Ese día aprendimos que el Padre mira solamente el secreto último de nuestro corazón y si guardamos ahí, como un tesoro, la confianza en Él. Nos enseñó a familiarizarnos con ese salmo difícil, a permitir a nuestros labios pronunciar sus palabras, pero dejándolas caer hacia lo profundo, dando tiempo a que el abandono se abriera paso en el corazón.

Nos hizo recordar el verso del salmo 66: «A Él gritó mi boca, pero bajo mi lengua, lo ensalzaba». Pero solo después fuimos capaces de entender que, por debajo de la queja del siervo que se sentía abandonado, permanecía la confianza del Hijo que, ya sin fuerzas, seguía susurrando desde su interior: «Mi aliento vivirá para Él».

Invitaciones

- Hago mía la confianza de Ana, la madre de Samuel, que «derramaba su corazón ante el Señor» (cf 1Sam 1,15) y me expongo ante Él tal como estoy en este momento, también con mis dudas, mis preguntas o mis

quejas. Leo despacio el salmo 22 en nombre de tantas personas sufrientes. Dejo que las expresiones finales de alabanza se abran paso en mi corazón.

- Reconozco algunos momentos de angustia por los que he pasado y que han desencadenado en mí miedo, soledad, sensación de abandono... Hago mías, como un *mantra* que me acompañe día y noche, las consignas escuchadas en lo más hondo: «Confía, yo estaré contigo, te basta mi gracia».

- Evoco nombres de personas de mi entorno que pueden estar en situaciones de abandono y necesitar de mi cuidado. Dedico tiempo a recordarlas, nombrarlas ante el Señor, hacerlas presentes como personas únicas a quienes puedo acercarme, cuidar y agradecer que existan y estén.

- Dejo que resuenen en mí las recomendaciones de san Juan de la Cruz: «Arroje el cuidado suyo en Dios, que Él lo tiene y no la olvidará». «Los que quieren bien a Dios, Él se tiene cuidado de sus cosas, sin que ellos le soliciten por ellas». Avivo mi fe en que puedo soltar mis cuidados y confiar en los de Otro que sabrá hacerlo mejor que yo misma...

15.
¡Date prisa!

Inclina tu oído hacia mí.
Ven aprisa a librarme (Sal 31,3).

lguna vez pensó, quizás, que lo que estaba viviendo era un mal sueño del que despertaría. Pero no. No era una pesadilla que desaparecería al volver a una realidad desalentadora.

Los doctores de la Ley le ponían constantemente a prueba y acordaban entre ellos hacerle preguntas para comprometerlo ante el gentío (Mt 22,15-46). Sin embargo, sus respuestas eran inapelables. Los dejaba noqueados y boquiabiertos, aunque eso mismo empeoraba su situación. Si no hubiera respondido correctamente habría quedado en evidencia ante la muchedumbre que le escuchaba; pero contestar con autoridad y verdad —«no entendéis las Escrituras ni el poder de Dios» (Mt 22,29)— aumentaba los deseos de los escribas y fariseos de acabar con él, pues era de todos sabido que tenían mal perder.

Jesús era muy consciente de que se enfrentaba a quienes cierran a los otros el reino de los cielos; a los que, estando

ciegos, pretenden guiar a los demás; a aquellos que se fijan en nimiedades y descuidan lo importante, que *limpian la copa por fuera, y por dentro rebosan robo y desenfreno;* en definitiva, a los que descuidan la justicia, la misericordia y la fidelidad (Mt 23,13-36).

En el camino a Jerusalén es probable que su corazón rumiara algunos versos al experimentar en sus propias carnes la bajeza de sus detractores: «Soy la burla de todos mis enemigos... la irrisión de mis vecinos... me ven por la calle y escapan de mí... oigo el cuchicheo de la gente, y todo me da miedo» (Sal 31,12-14). ¡Qué descorazonador descubrir el abismo entre su sufrimiento cada vez más abrumador y la indiferencia de la mayoría de los que le rodeaban! Soledad indecible e hiriente.

Se había puesto tanto en nuestro lugar..., se había vaciado tanto de sí mismo, que solo le quedaba confiar en el Padre. No tenía más recursos que la verdad y encomendarse a Él. «Ponme a salvo..., dirígeme y guíame..., sácame de la red que me han tendido..., sálvame por tu misericordia» (Sal 31,2.4.5). Verbos en imperativo en los que revela la urgencia que expresaría después con total claridad.

«No puedo más». «¡No tardes!» (Sal 70,6). «Se consumen de dolor mis ojos, mi garganta y mis entrañas». Por favor, que pase pronto, que estoy al límite. «Mi vida se gasta en el dolor, mis años en los gemidos, mi vigor decae con las penas, mis huesos se consumen con las penas» (Sal 31,10-11). ¿De verdad nunca somos probados por encima de nuestras fuerzas? (cf 1Cor 10,13). ¿Seré capaz de soportarlo?

El dolor se hace eterno. Puede que los relojes digan lo contrario. Que en realidad fueran unas horas, a lo sumo tres días infernales en medio de una historia de treinta y tres maravillosos años. En el conjunto de la vida el sufrimiento no ocupó tanto espacio. Pero un día parece un instante cuando gozamos, mientras que se hace inacabable en la desolación. Por eso brotó, inevitable, la súplica: «Dios mío, ven en mi auxilio; Señor, date prisa en socorrerme» (Sal 70,1).

Tiene algo de osado urgir a Dios a que actúe rápido. La prontitud en el servir es propia de quienes desean agradecer, reverenciar, alabar y compartir la alegría de las maravillosas acciones de Dios. Jesús lo vio en María, su madre, de la que había oído contar cómo se fue rauda a visitar y cuidar a Isabel, embarazada como ella, para cantar juntas e irradiar el amor incontenible que experimentaban.

Pero apremiar a Aquel en quien confías podría interpretarse como poner en duda sus cálculos sobre los tiempos de la salvación. Si aceptó sin fisuras su destino, ¿no debería actuar el Padre con mayor contundencia y rapidez?

«Ven aprisa a librarme, sé la roca de mi refugio, un baluarte donde me salve» (Sal 31,3). El anhelo de Jesús era proporcional a la dimensión del dolor.

A través de su súplica se recordaba a sí mismo algo que sabía en lo más profundo de su corazón; que, aunque las apariencias muestren a un hombre acorralado, la realidad era que la lealtad de Dios dura por siempre y nunca le abandonaría. Pero cuanto antes se experimente, mejor... si es su voluntad (Lc 22,42).

Invitaciones

- Acompaso la respiración al recitar el segundo versículo del salmo 70. Lleno los pulmones de aire hasta el fondo y al inspirar repito interiormente la primera parte, «Dios mío, ven en mi auxilio»; y al expirar, la segunda, «Señor, date prisa en socorrerme». Tomo conciencia de cómo el aire entra en mis pulmones y cómo el espíritu me invita a confiar, mientras que al expulsarlo imagino que los pensamientos que me abruman salen hacia fuera.

- Hago memoria de situaciones de las que me parecía imposible salir, en las que me sentía al límite. Y, sin embargo, aquí estoy. Recuerdo: personas que fueron mi sostén, «ángeles de la guarda»; fuerzas de flaqueza que parecía que no tenía y que ahí estaban, dentro de mí; circunstancias nuevas que la vida me trajo y que lo cambiaron todo. Y, sobre todo, Dios. Su presencia misteriosa y fiel. «Roca de refugio, el alcázar donde me salvé, porque mi peña y mi alcázar eres tú» (Sal 71,3).

- Imagino cómo el Señor «inclina su oído hacia mí» (Sal 71,2), porque «Dios escucha a sus pobres, no desprecia a sus cautivos» (Sal 69,34). Su cercanía me permite susurrarle lo que me preocupa y cuánto lo necesito. Que sin Él me pierdo, que no tarde en hacer algo por mí. Pero que me ayude a comprenderme junto a otros

–personas cercanas a las que no atiendo lo suficiente, Jesús de Nazaret caminando hacia Jerusalén, los olvidados de la historia– que experimentan lo mismo que yo y que gritan igualmente: «Ven aprisa a librarme» (Sal 31,3).

16.
¿Por qué me has abandonado?

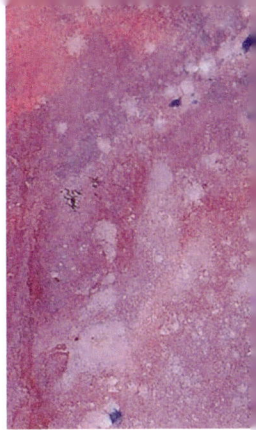

No te quedes lejos,
que el peligro está cerca
y nadie me socorre (Sal 22,12).

Confiaba en el Padre. Siempre lo había hecho. Era tan importante para Jesús llevar a cabo los deseos del Padre que lo anteponía a todo, incluso a sí mismo, como ocurrió en el huerto de Getsemaní. Allí experimentó «espanto y angustia» (Mc 14,33). «Mi alma está triste hasta la muerte» (Mt 26,38). En medio de la desolación oraba con más intensidad. «Y le entró un sudor que caía hasta el suelo como si fueran gotas espesas de sangre» (Lc 22,44). Era el preludio de lo que estaba por venir. Temblaba. Pero siguió adelante. No huyó. Debía llegar hasta el final.

Todo lo que siguió después fue terrible. El dolor era por momentos insoportable. Las fuerzas, justas. Por eso los soldados, al salir del pretorio, obligaron a Simón de Cirene, un hombre que volvía del campo, padre de Alejandro y de Rufo, a llevar su cruz (Mc 15,21).

Jesús no dejó de rezar en ningún momento del calvario. ¡Cuántos versículos le vendrían a la cabeza y al corazón! Los repetía una y otra vez como mantras que le fortalecían. Los respiraba. Le ayudaban a canalizar el sufrimiento...

> Me acorrala una jauría de mastines,
> me cerca una banda de malhechores,
> me taladran las manos y los pies,
> puedo contar mis huesos.
> Ellos me miran triunfantes,
> se reparten mi ropa,
> echan a suerte mi túnica.
>
> Pero tú, Señor, no te quedes lejos,
> fuerza mía, ven corriendo a ayudarme.
> Líbrame a mí de la espada,
> y a mi única vida de la garra del mastín (Sal 22,17-21).

Aquellos versículos le permitían gritar y hacer suya la experiencia de hombres y mujeres que generación tras generación habían vivido agonías extremas. No quedaba ningún resquicio de humanidad que no hubiera probado en su propia carne. Dejó claro que Dios rechazaba la violencia y cualquier forma de humillación e injusticia.

Lo peor, la cruz. Tortura sin paliativos. El cuerpo descoyuntado, el descenso a los infiernos... ¿cómo no gritar?: «Dios mío, Dios mío, ¿por qué me has abandonado?» (Sal 22,2).

¿Hasta dónde puede un ser humano aguantar? «Me acorrala un tropel de novillos, me cercan toros de Basán; abren contra mí las fauces, leones que descuartizan y rugen» (Sal 22,13-14).

Jesús seguía rezando. Experimentó el abandono, pero él no abandonó, y recordó que el Padre le sostuvo desde el principio en su misión; en la locura de la Encarnación:

> Tú eres quien me sacó del vientre,
> me tenías confiado en los pechos de mi madre;
> desde el seno pasé a tus manos,
> desde el vientre materno tú eres mi Dios (Sal 22,10-11).

El salmo le llevó a respirar las palabras del profeta Isaías —«¿Puede una madre olvidar al niño que amamanta, no tener compasión del hijo de sus entrañas? Pues aunque ella se olvidara, yo no te olvidaré» (Is 49,15)— y quedó consolado, aunque dolorido.

Tenía que vérselas cara a cara con la muerte para vencerla desde dentro. El Padre estaba con él, pero no podía ahorrarle el coste de la victoria sobre el mal. No dudó. Y en la oscuridad más densa, confió:

> En ti confiaban nuestros padres;
> confiaban y los ponías a salvo,
> a ti gritaban y quedaban libres,
> en ti confiaban y no los defraudaste (Sal 22,5-6).

Los desvalidos comerán hasta saciarse.
Alabarán al Señor los que lo buscan.
¡Viva su corazón por siempre! (Sal 22,27).

Invitaciones

- Acompaso la respiración al recitar el versículo 6 del salmo 22. Lleno los pulmones de aire hasta el fondo y al inspirar repito interiormente la primera parte, «en ti confiaban»; y al expirar, la segunda, «y no los defraudaste».

  Me repito interiormente la expresión clave *en ti confío*... que tantas personas —tantas abuelas...— han rezado y respirado, y me uno a todas ellas en una oración de abandono común.

- Incorporo a mi oración las palabras de Charles de Foucauld:

  Padre mío,
  me abandono a ti.
  Haz de mí lo que quieras.
  Lo que hagas de mí te lo agradezco,
  estoy dispuesto a todo,
  lo acepto todo.
  Con tal que tu voluntad se haga en mí
  y en todas tus criaturas,
  no deseo nada más, Dios mío.

Pongo mi vida en tus manos.
Te la doy, Dios mío,
con todo el amor de mi corazón,
porque te amo,
y porque para mí amarte es darme,
entregarme en tus manos sin medida,
con infinita confianza,
porque tú eres mi Padre.

17.
Muestra a tu siervo tu rostro radiante

En tus manos están mis azares,
líbrame de los enemigos que me persiguen;
muestra a tu siervo tu rostro radiante
sálvame por tu lealtad (Sal 31,16-17).

La oración del Maestro aquella noche se prolongó más que de costumbre. Necesitaba serenarse después de presenciar una bronca discusión de sus discípulos durante la jornada de camino sobre a quién le correspondía la provisión de agua. Cuando se acercaban a la aldea a la que se dirigían, él había cogido los dos pellejos ya vacíos y se había adelantado para llenarlos en la fuente. Al llegar le vieron volver cargado con ellos y echándolos en un lebrillo para que pudieran lavarse los pies. Aquello encendió más la disputa entre ellos y algunos expresaron su malestar: lo que había hecho no era propio de un Maestro, les confundía y escandalizaba que adoptara posturas que no le correspondían.

Esa noche se fue solo a orar en un descampado cercano. Le acompañaba la figura de aquel siervo misterioso del que se sentía tan cercano, como un presagio de que quizá se estaba acercando el tiempo de compartir su misma suerte. Eran muchos los enemigos que lo asediaban y llegaba la hora del silencio y la mansedumbre bajo otro yugo.

Por la mañana, reunió al grupo y les dijo lo que menos esperaban oír: «¿Quién de vosotros está dispuesto a cargar con mi yugo? ¿Quién de vosotros ha entendido lo que es ser discípulo mío y ponerse en mi escuela? Porque quien camina a mi lado, uncido a mi mismo yugo, va a tener que aprender lo que es buscar el último lugar y ponerse a servir a los demás».

Estaban sorprendidos, sabía qué decir y por eso les alivió que él siguiera hablando: «¿No recordáis lo que dijo el profeta Isaías sobre el siervo de YHWH?: "Maltratado, aguantaba, no abría la boca...; pero él cargaba con nuestros sufrimientos y soportaba, nuestros dolores, como un cordero mudo ante el esquilador" (Is 53,5.7). ¿Creéis que cuando le trataban injustamente se comportaba así porque era alguien débil e incapaz de reaccionar con energía y fortaleza? Os digo de verdad que solo el que ama a los demás más que a sí mismo posee la fuerza de vencer la ira y el rencor y es capaz de soportarlo todo a causa de aquellos a los que ama. Los que renuncian a dominar y a imponerse a otros, esos son señores de sí mismos y poseen la verdadera libertad. Os aseguro que el reino de los cielos padece violencia y a quienes se dejan poseer por ese violento amor mi Padre los declara herederos de sus promesas y les muestra su rostro radiante».

Rezaron juntos:

> En tus manos están mis azares,
> líbrame de los enemigos que me persiguen;
> muestra a tu siervo tu rostro radiante
> sálvame por tu lealtad (Sal 31,16-17).

Invitaciones

- Releo el cuarto cántico del siervo en Is 53: «No tenía figura ni belleza que atrajera nuestras miradas. Despreciado y evitado de la gente, un hombre hecho a sufrir, acostumbrado al dolor, ante quien se oculta el rostro... Fue traspasado por nuestras rebeliones, con sus cicatrices nos hemos curado».

- Acojo la petición de Jesús a sus amigos en el huerto de los Olivos: «Permaneced aquí y velad conmigo» (Mt 26,38), y le pido que pueda decir de mí lo que dijo de ellos aunque ni entonces ni ahora fuera del todo verdad: «Vosotros sois los que habéis permanecido conmigo en mis pruebas» (Lc 22,28).

- Ante el Siervo sin aspecto atrayente y despojado de todo, me expongo tal como soy, sin miedo a mi propia pobreza, mis carencias y mis limitaciones. Él no oculta su rostro ante nuestras sombras –las mías, las

de los que me rodean, las del mundo...– y sus cicatrices nos curan...

- Contemplo a Jesús en la Última Cena levantándose de la mesa, cambiando el lugar donde se sientan los señores por aquel en que se mueven los que sirven, situándose en ese otro ángulo de mirada. Me sitúo junto a él ahí para mirar desde su perspectiva los lugares de abajo, las periferias existenciales del mundo y de la historia y a quienes la habitan: los últimos, los insignificantes, los descartados. Le pido que cambie en mi manera de relacionarme cuando me pongo en esa otra posición.

18.
Entregar el espíritu

Sácame de la red que me han tendido,
porque tú eres mi amparo.
A tus manos encomiendo mi espíritu:
tú, el Dios leal, me librarás (Sal 31,5).

Está cerca la muerte. Ya queda poco... el cuerpo no responde. Morir..., ¡qué realidad tan extraña!... Resistirse o abandonarse. Un último esfuerzo. Y «Jesús, gritando de nuevo, exhaló el espíritu... la tierra tembló, las rocas se resquebrajaron, las tumbas se abrieron» (Mt 27,50-51). No éramos conscientes de que en aquel instante cambió el curso de la historia. El Hijo de Dios frente a la muerte.

La entrega llegó al extremo. No se quedó con nada. Se despojó de todo: de sus vestiduras, sus amigos, su madre... No fue una entrega dulce, rodeada de cariño y de una atmósfera pacífica, sino de voces que clamaban contra él. «En tus manos están mis azares; líbrame de mis enemigos que me persiguen» (Sal 31,16). Habría sido suficiente con morir. Un paso dramático para quien ama la vida. Pero el instante mor-

tal estuvo acompañado de una jauría humana. «¿Qué ganas con mi muerte, con que yo baje a la fosa? ¿Te va a dar gracias el polvo, o va a proclamar tu lealtad?» (Sal 30,9-10).

Estoy echado entre leones
devoradores de hombres;
sus dientes son lanzas y flechas,
su lengua es una espada afilada (Sal 57,5).

Hubo presencias silenciosas, consoladoras. María, su madre, mujeres que siempre le habían sostenido y Juan. Alguno más. Sin embargo, el estruendo de los violentos era estremecedor. Se imponía incluso al dolor. Ese contraste arropó sus últimas Palabras, su acto de amor supremo: «"Está cumplido". E inclinando la cabeza entregó el espíritu» (Jn 19,30).

A ti, Señor me acojo:
No quede yo nunca defraudado;
tú, que eres justo, ponme a salvo (Sal 31,2).

Incluso en la cruz, en medio de los estertores, eligió cómo afrontar ese final. Y decidió entregar al Padre lo último y más valioso que le quedaba: su espíritu, el aliento vital, lo que le hacía ser un verdadero hombre. Fue un acto sublime. Se habían entendido a la perfección en la vida y lo harían igualmente en la muerte. Y así como el Padre había puesto todo en manos del Hijo (Jn 3,35), ahora el Hijo confiará su vida a su Padre para que hiciera algo con ella. Por eso las pa-

labras del salmo resonaron en su interior. «Padre en tus manos encomiendo mi espíritu» (Sal 31,5; Lc 23,46). No había nadie mejor para que se hiciera cargo de lo más sagrado de su persona. El salmista pensó que Dios lo libraría de la muerte; Jesús, que obraría un milagro mayor abriendo la puerta de la resurrección. Una vía nueva fruto de la acción creadora propia de las manos de Dios. El Padre no solo recibió el espíritu de Jesús sino que lo hizo aún más fecundo.

¿Quién mejor que el Padre protegería su vida? ¿Quién daría espacio al espíritu de Jesucristo para que se expandiera? ¿Quién sino Él trataría con mimo infinito ese legado –el anuncio de la Buena Nueva a los pobres, los cautivos y los ciegos– construido gracias a la fuerza de ese espíritu?

Se puso junto a mí: lo libraré,
lo protegeré porque conoce mi nombre.
Me invocará y lo escucharé.
Con él estaré en la tribulación,
lo defenderé, lo glorificaré, lo saciaré de largos días
y le haré ver mi salvación (Sal 92,14-16).

Invitaciones

- Respiro en silencio. Lleno los pulmones de aire hasta lo más profundo. Realizo cuatro compases –inhalar, retener, expulsar, retener– invirtiendo cuatro segundos en cada uno de ellos. No busco palabras, ni

discurso. Solo sentir el roce del aire al entrar en mi cuerpo. Simplemente tomo conciencia de que de Él recibo la vida.

- Miro a mi alrededor. Recuerdo que todo ser viviente pasará la travesía de la muerte. Como decía el poeta Jorge Manrique: «Nuestras vidas son los ríos que van a dar a la mar, que es el morir». Dirijo peticiones a Dios, como a un buen amigo, para que nos ayude a ponernos desnudamente en sus manos.

- Busco una imagen de Jesús en la cruz. Contemplo al Señor en ella. Hago mía la poesía de Ignacio Iglesias SJ:

En tu cruz, Señor,
solo hay dos palos,
el que apunta como una flecha al cielo
y el que acuesta tus brazos.
No hay cruz sin ellos
y no hay vuelo.
Sin ellos no hay abrazo.
Abrazar y volar.
Ansias del hombre en celo.
Abrazar esta tierra
y llevármela dentro.
Enséñame a ser tu abrazo.
Y tu pecho.
A ser regazo tuyo

y camino hacia ti
de regreso.
Pero no camino mío,
sino con muchos dentro.
Dime cómo se ama
hasta el extremo.
Y convierte en ave
la cruz que ya llevo.
¡O que me lleva!
porque ya estoy en vuelo.

19.
Cambiaste mi luto en danza

Cambiaste mi luto en danza
me has ceñido de alegría,
te daré gracias por siempre (Sal 30,13).

Las palabras finales del salmo resonaban de un modo especial en quienes estaban reunidos en Jerusalén, casi un año después de la Resurrección del Señor, cuando partían juntos el Pan en memoria suya. Estaba ya avanzando la primavera, había brotes en las higueras y recordaron el día en que el Maestro les había invitado a contemplarlas: «Fijaos en lo que sucede con la higuera. Cuando sus ramas se ponen tiernas y brotan las hojas, conocéis que se acerca el verano. Pues lo mismo vosotros, cuando veáis que suceden estas cosas, sabed que ya está cerca, a las puertas» (Mc 13,28-29). Entonces no entendieron bien qué era lo que se acercaba y solo ahora, al recordar sus Palabras, iban comprendiendo lo que les había dicho.

«Para él, todo se convertía en signo de cómo actúa el Padre», evocaba Juan. «Abría nuestros ojos para que descubriéramos cómo Él transforma la pequeñez de la semilla de mostaza en un gran arbusto en el que anidan los pájaros; o hace crecer la espiga del grano de trigo que se pudre en la tierra; o transforma el sufrimiento del parto en la alegría de la mujer al tener a su hijo en brazos».

María, su madre, recordaba la absoluta confianza de su Hijo en el poder de lo pequeño frente a lo grandioso, de lo callado frente al griterío, de la mansedumbre frente a la dominación. Pedro recordó el día en que, a solas los dos y después de haberle llamado *satanás* en público, le dijo sonriendo: «¡Ten ánimo, Simón! Acuérdate de lo que dice el salmo de que el Señor convierte el pedernal en estanques de agua... Aún estás a tiempo de dejar que te transformarte a ti y a esa cabeza tuya, más dura a veces que el pedernal».

Habló María de Magdala: «Todos sabéis cómo era mi vida antes de que Jesús la transformara; y cómo, después de su muerte, yo seguía buscando su cadáver en el huerto. Pero fue él, el Viviente, quien salió a mi encuentro y transformó mis lágrimas en gozo».

Eunice, una mujer de Séforis que acababa de agregarse al grupo añadió: «A mí, el anuncio de que el Crucificado está vivo le dio un vuelco a mi vida. Su Pascua me ha bautizado con un nombre nuevo y ahora voy por la vida segura de que él camina conmigo, segura de que la muerte –la suya y la mía– ha sido vencida. Y eso ha cambiado mi luto en danza y ha ceñido mi vida de alegría».

Invitaciones

- Hago memoria de situaciones vividas que han estado marcadas por el duelo, la pérdida, la privación o el despojo. Acojo la llamada a no permanecer ahí, instalado en la queja o la añoranza, sino a mirar más allá de sus aspectos dolorosos y reconocerlos como ocasiones para acoger la experiencia transformadora del salmo 30: «Al amanecer se hospeda el llanto, al amanecer el júbilo».

- Hago mía otra de las experiencias del orante que nos recuerda cómo siempre dependemos de la gracia, del rostro del Señor y su apoyo: «Yo pensaba muy seguro: "No vacilaré jamás"; con tu favor, Señor, me colocabas en una cima inexpugnable; pero escondiste tu rostro y quedé desconcertado» (Sal 30,8). Agradezco esa conciencia de ser pequeño y limitado porque eso me mantiene en la verdad de quién soy realmente.

  Repito lentamente los primeros versos del salmo 30, como si fueran los laudes del Primer día de la Semana, uniéndome a la experiencia pascual de Jesús:

  Te ensalzaré, Señor, porque has tirado de mí
  y no has dado el triunfo a mis enemigos.
  Señor, Dios mío, te pedí auxilio y tú me sanaste.
  Señor, sacaste mi vida del abismo,
  me hiciste revivir cuando bajaba a la fosa.

20.
¡Aleluya!

El Señor reina eternamente,
tu Dios, Sion, de edad en edad.
¡Aleluya! (Sal 146,10).

Y la luz se hizo. Como en el principio (Gén 1,3-4). Y con la luz se fueron retirando las tinieblas. Una nueva creación asoma. O una *re-creación,* quizás. Porque no tiró por la borda lo antiguo. Lo llevó a una plenitud impensable gracias a la transformación de todas las cosas en él, en su persona, a través de lo que hizo: «Por tanto, si alguno está en Cristo es una criatura nueva. Lo viejo ha pasado, ha comenzado lo nuevo» (2Cor 5,17).

Jesús puso su vida en manos del Padre. Sabía que actuaría a su favor. Por eso, en medio de la dificultad, repetía una y otra vez: «Los que esperan en ti no quedan defraudados, mientras que el fracaso malogra a los traidores... tengo los ojos puestos en el Señor porque Él saca mis pies de la red» (Sal 25).

Fue un abandono total lo que experimentó cuando exhaló el último aliento. Lo que vivió inmediatamente después queda sumergido en el misterio. Tras el silencio sepulcral y el descenso a los infiernos ocurrió lo que nadie se atrevía a expresar pero todos anhelaban. Aquello que parecía demasiado bueno para ser verdad ocurrió. La vida se abrió paso incontestable, rotunda, esplendorosa, radiante. «¿Dónde está, muerte, tu victoria? ¿Dónde está, muerte tu aguijón?» (1Cor 15,55).

Resucitó.

¿Quién podría describir la alegría de Jesucristo? ¿Y la del Padre, María y el Espíritu? El corazón a punto de explotar en una comunión de gozo inimaginable. Y no se alegraban solo por ellos, sino fundamentalmente por nosotros. Porque quedaba ya abierta para siempre una puerta al reino de los cielos para todos. Solo queda vivir confiados y traspasar el umbral cuando llegue el momento. Como él.

Lo llamativo es que todavía nos cuesta aceptar que lo hiciera tan discretamente, como todas las demás cosas. Igual que cuando vino a estar con nosotros. Firme, decidido, pero sin aspavientos. Delicadamente. Nunca tuvo afán de ser adorado. El centro de su interés eran los pobres, los que lloran, los perseguidos por la justicia, los que trabajan por la paz, los mansos o los misericordiosos. También los pecadores. Por y para ellos lo hizo todo. ¿Cómo no proclamar la grandeza de su corazón?

Alabar a Dios es reconocer que no hay nadie como Él, que su amor hacia nosotros es inconmensurable. Que dio su vida para abrirnos paso a la Vida de Dios.

Alaba alma mía al Señor;
alabaré al Señor mientras viva,
tañeré para mi Dios mientras exista (Sal 146,1).

Alegría y paz –*shalom,* es decir, prosperidad, bendición, bienestar– fueron los acompañantes de la Resurrección. Era él, aunque al principio les costaba reconocerlo. Algo había cambiado, pero era el mismo. «Los discípulos se llenaron de alegría al ver al Señor» (Jn 20,20). Jesús no se conforma con haber «recuperado» su vida. Desea compartirla con nosotros otra vez. Siempre.

La vida continúa y las sombras aparecen de vez en cuando. Vivimos en ese tiempo extraño entre el dolor y la gloria. Por eso hay que extremar la vigilancia para no perder de vista las señales de resurrección que el mundo desestima. No caigamos en la trampa más habitual de creer que debería estar en el éxito, los oropeles y los aplausos que al final defraudan y nos dejan vacíos. Los verdaderos testigos nos lo recuerdan: «¿Por qué buscáis entre los muertos al que vive?» (Lc 24,5).

Invitaciones

• Recito el ultimo salmo del salterio: El gran Aleluya (palabra hebrea que significa «alabad a Jehová»). Me sumo a la alegría de todos lo que quieren alabar a Dios:

Aleluya.
Alabad al señor en su Templo,
alabadlo en su fuerte firmamento;
alabadlo por sus obras magníficas,
alabadlo por su inmensa grandeza.
Alabadlo tocando trompetas,
alabadlo con arpas y cítaras;
alabadlo con tambores y danzas,
alabadlo con trompas y flautas;
alabadlo con platillos sonoros,
alabadlo con platillos vibrantes.
Todo ser que alienta alabe al Señor.
¡Aleluya!

- Hago memoria de las personas que me han precedido y que ahora gozan en el cielo junto a Dios. Medito sobre la misión que todavía mantienen actuando siempre a nuestro favor. Doy gracias por ello.

- Celebro la Resurrección con la composición del «Aleluya» de *El Mesías* que Haendel compuso en 1741 para coro mixto, orquesta de cuerda, trompetas y timbales. Doy cauce a través de la música a la explosión de alegría causada por la Resurrección del Señor.

- En otro momento, me dejo envolver por la interpretación de Andrea Bocelli del Padrenuestro: *The Lord's prayer*. Rezo con agradecimiento y emoción la oración

que Jesús nos enseñó (disponible en: https://www.
youtube.com/watch?v=JWuLraQ1Ygo&list=RDJWu
LraQ1Ygo&start_radio=1).

Índice

---

[1] Los capítulos marcados con * pertenecen a Dolores Aleixandre RSCJ y los que aparecen con ** son de María Dolores López Guzmán.